W0318097

# Passion point de croix

Catherine Allègre-Papadacci

# Passion point de croix

Photographies de Jean-Marc Wullschleger

Stylisme de Pauline Ricard

ARTS D'INTÉRIEURS

*À Julien, Clément, Emma*

Si vous souhaitez recevoir notre catalogue et être tenu au courant
de nos publications, envoyez-nous vos nom et adresse en citant ce livre
et en précisant les domaines qui vous intéressent.
ARTS D'INTÉRIEURS - 12, avenue d'Italie - 75013 Paris

© ARTS D'INTÉRIEURS, Paris, 1999

Tous droits de traduction, d'adaptation et de reproduction par tous procédés, réservés pour tous pays.
Toute reproduction ou représentation intégrale ou partielle, par quelque procédé que ce soit, des pages publiées dans le présent ouvrage, faite sans autorisation de l'éditeur, est illicite et constitue une contrefaçon. Seules sont autorisées, d'une part, les reproductions strictement réservées à l'usage privé du copiste et non destinées à une utilisation collective, et, d'autre part, les courtes citations justifiées par le caractère scientifique ou d'information de l'œuvre dans laquelle elles sont incorporées (art. L. 122-4, L. 122-5 et L. 335-2 du Code de la propriété intellectuelle).

Aucun des modèles contenus dans ce livre ne peut être reproduit à des fins commerciales sans l'autorisation de l'auteur.

**Grilles :** Catherine Allègre-Papadacci
**Conception graphique :** Alexandra Metz-Marion
**Photogravure :** Arciel Graphic, Paris

**Imprimé et relié en France par Mame, Tours**

ISBN : 2-84229-080-1
Code éditeur : I00080
Achevé d'imprimer en septembre 1999
Dépôt légal : octobre 1999
1re édition

ARTS D'INTÉRIEURS - 12, avenue d'Italie - 75013 Paris

# Sommaire

# Introduction

J'ai choisi, avec ce troisième livre, de vous emmener en voyage au pays du soleil et de la couleur. Préparez donc votre chapeau de paille, vos fils et vos aiguilles. À chaque halte, un petit animal de lin et de coton – tantôt ours, tantôt souris – vous prendra par la main et vous fera découvrir des plaisirs aussi variés que celui du jardinage, de la danse, du tourisme en pays d'Arles ou du farniente en Polynésie. Amusez-vous, laissez votre imagination déborder, créez des colliers de perles fines ou de coquillages. Ouvrez vos boîtes à trésors pour parer ces animaux d'accessoires drôles et originaux ; les possibilités sont infinies. Simples ou plus complexes, j'ai voulu ces broderies vivantes, riches de petits motifs que vous pourrez personnaliser à volonté. Vous choisirez, par exemple, de ne broder qu'un poisson exotique sur un tee-shirt, un insecte sur un col de chemise ou un brin de lavande sur un set de table. Changez les couleurs des danseuses et faites-en des petits rats de l'Opéra, tout froufroutants de rose. Brodez avec votre cœur, emparez-vous de ces points de croix, animez-les de votre talent. Ils sont à vous, je vous les offre !

*Catherine A.-P.*

# Moustache le jardinier

*Moustache a revêtu son tablier. Le voici prêt à rempoter, à bouturer, à repiquer... à jardiner dans sa serre.*

## Fournitures

**Moustache :**
**• Toile de lin bis (12 fils/cm) : 50 x 35 cm.**
**• Lien de lin bis de 27 cm pour la queue de la souris.**
**• Fibre synthétique pour la garniture.**

**Tablier :**
**• Toile de lin bis (12 fils/cm) : 20 x 25 cm.**
**• Une échevette de Mouliné Spécial DMC dans les coloris suivants : bleu 798, 809, rouge 817, 350, brique 922, 920, marron 436, 611, vert 913, 910, 3818, 3348, jaune 3821, Blanc, noir 310, gris 647, 3799, 413 pour les yeux et les moustaches de la souris.**

**Vêtements de Moustache :**
**• Petits coupons de tissus ; bleu de chine ou jean's, vichy bleu et blanc.**
**• Fil élastique, Mouliné bleu assorti au vichy.**

## Réalisation

**Moustache**

Marquer, au crayon à patron, les différentes pièces du patron de la souris, ajouter 1 cm pour les coutures. Couper ensuite les pièces en suivant le patron. Commencer par assembler la tête (les deux côtés et le dessus), puis la garnir de fibre synthétique. Assembler les oreilles, les fermer et les coudre sur les côtés de la tête. Former les bras et les jambes, tasser la fibre à l'intérieur. Bâtir sur le dos les membres de la souris, en les tournant vers l'intérieur. Poser le devant sur le dos, endroit contre endroit, en prenant les bras et les jambes entre les deux. Coudre tout autour en laissant une ouverture pour le cou. Retourner sur l'endroit, tasser la fibre à l'intérieur. Glisser la tête dans l'ouverture et la coudre à petits points serrés et solides. Attacher solidement la queue. Broder les yeux, le bout du museau et placer les moustaches. Pour faire tenir celles-ci, les enduire de colle pour tissu ou d'eau sucrée.

***Le tablier de Moustache :***

Repérer les pièces du patron sur la toile à l'aide d'un fil de couleur. Broder la frise à 3 cm du bas du tablier, puis les deux poches en prévoyant 1 cm de rentré tout autour. Réaliser le point de croix avec 2 brins de Mouliné sur 2 fils de trame. Pour le point de piqûre, utiliser 1 seul brin de Mouliné. La broderie terminée, repasser soigneusement sur l'envers les différents morceaux. Découper les pièces avec une marge de 1 cm tout autour. Surfiler, et marquer le rentré au fer à repasser. Coudre les deux poches à leurs emplacements (voir schéma). Faire trois petits liens de 13 x 0,5 cm chacun et un de 5 x 0,5 cm, les positionner selon les repères. Le plus petit est à coudre en boucle, comme indiqué sur le schéma.

## *Le patron de Moustache*

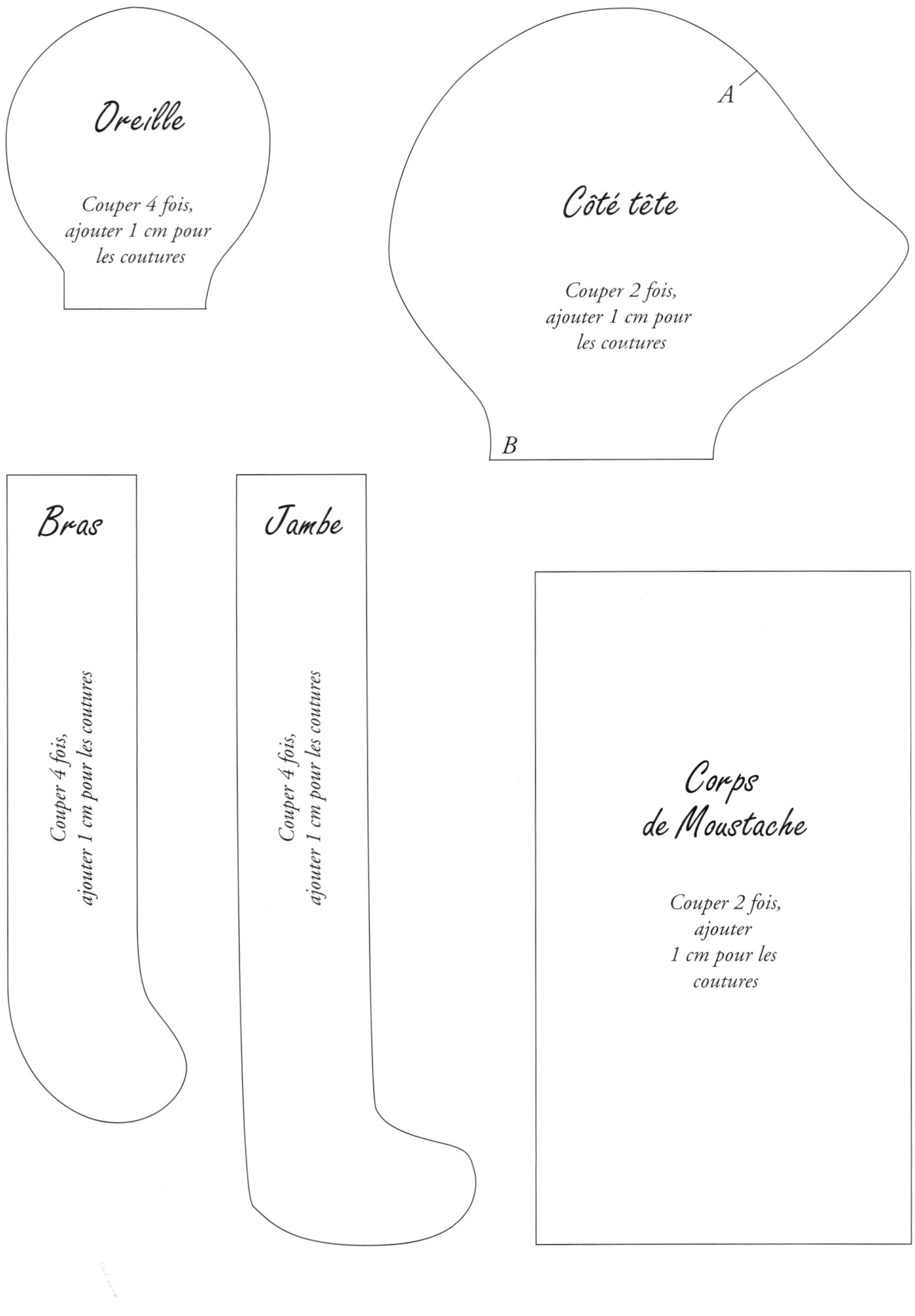

# Le tablier de Moustache

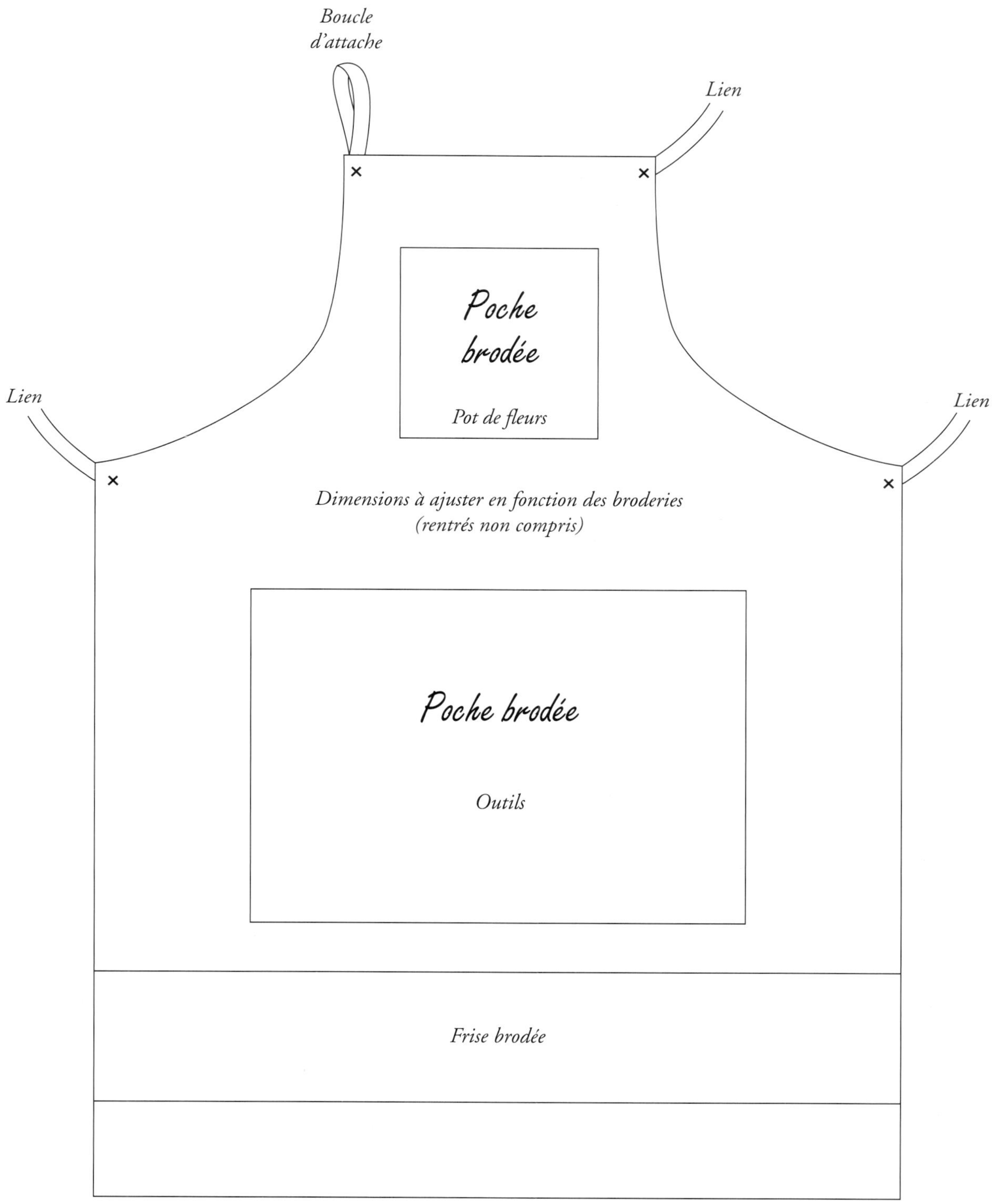

Mouliné
Spécial DMC

★ 817

◢ 3799

v 3821

× 910

/ 913

+ 798

= 809

◆ 3818

· Blanc

■ 310

∴ 350

ıı 3348

◥ 611

▬ 922

♥ 920

▮ 647

◣ 436

pt de piqûre
et pt de nœud
(sur les coccinelles),
voir diagramme

## Le pantalon de Moustache

(Agrandir à 200 %)

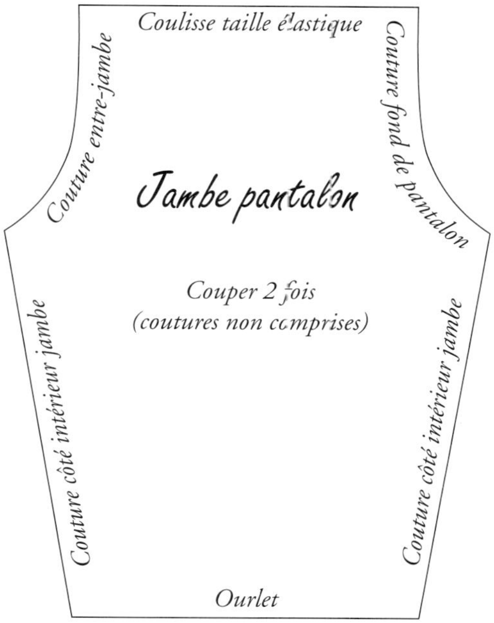


## La chemise de Moustache

(Agrandir à 200 %)

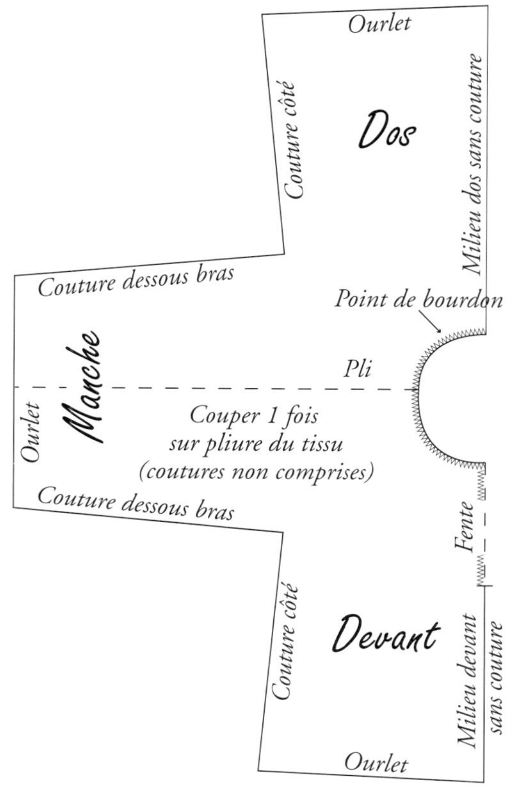


## Réalisation

Utiliser les différents patrons en ajoutant 1 cm pour les coutures, 2 cm pour les ourlets.

**Pantalon :**

Fermer la couture des jambes, faire un ourlet dans le bas. Enfiler, endroit contre endroit, une jambe dans l'autre ; piquer la couture de devant et de dos. Surfiler les coutures. Faire ensuite une coulisse de 0,5 cm de large à la taille, puis glisser à l'intérieur un fil élastique.

**Chemise :**

Couper le tissu à carreaux en suivant le patron. Réaliser la couture des dessous de manches et des côtés. Faire un ourlet au bas des manches et au bas de la chemise. Surfiler les bords de l'encolure et de la fente avec un point de bourdon. Passer un fil de Mouliné au point avant, au ras du point de bourdon, de façon à pouvoir froncer le haut de la chemise de Moustache.

# Abécédaire du jardin

## Fournitures

- Toile de lin blanche (12 fils/cm) : 31 x 32,5 cm (marges de 8 cm).
- Une échevette de Mouliné Spécial DMC dans les coloris suivants : bleu 809, 798, 797, vert 772, 913, 912, 910, 3348, 3347, 3818, jaune 3820, 726, rouge 817, 350, rose 776, 899, brique 922, 920, brun 611, 613, marron 436, 434, 680, gris 647, 415, 414, 3799, noir 310, Blanc.

*Lettres multicolores pour papillons, fleurs ou arrosoir de jardin, mais où est passée la sauterelle ?*

## Réalisation

Surfiler tous les côtés de la toile. Repérer le milieu du tissu en le pliant en quatre. Centrer le motif en suivant les indications du diagramme. Broder au point de croix avec 2 brins de Mouliné sur 2 fils de trame. Pour le point de piqûre, utiliser 1 brin de Mouliné. La broderie terminée, repasser bien soigneusement l'ouvrage sur l'envers.

Mouliné
Spécial DMC

- ★ 817
- ◢ 3799
- v 3820
- ▬ 910
- ╲ 913
- + 798
- ✕ 809
- ◆ 3818
- · Blanc
- ■ 310
- ▲ 350
- ▽ 3348
- ◣ 611
- ıı 912
- ╱ 922
- ▮ 920
- ♦ 647
- ⬮ 436
- ⬭ 776
- ▼ 899
- ◀ 3347
- < 415
- ▶ 414
- ▲ 680
- ◤ 434
- 0 613
- – 772
- ☆ 726
- • 797

pt de piqûre
et pt de nœud
(sur la coccinelle),
voir diagramme

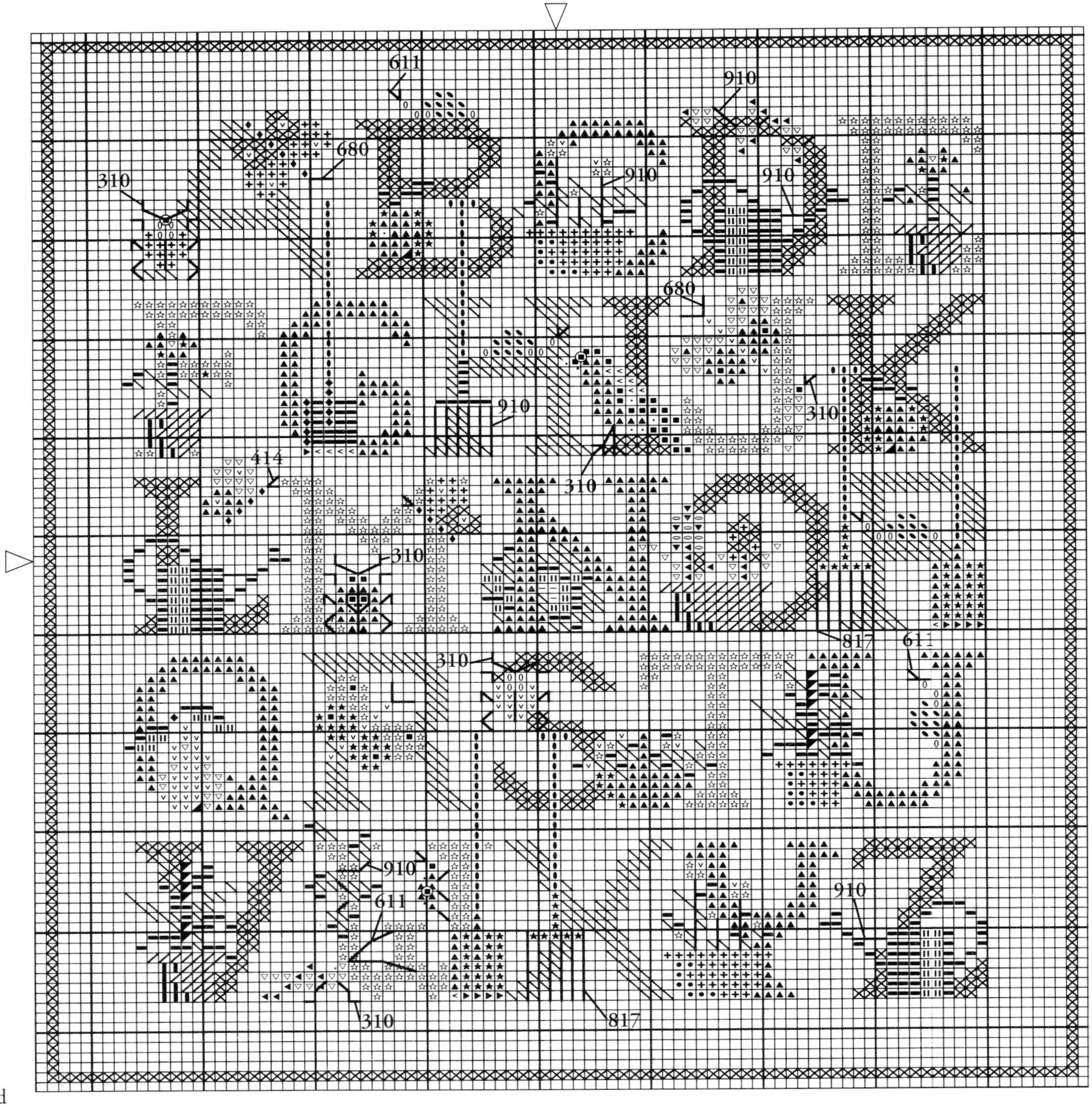

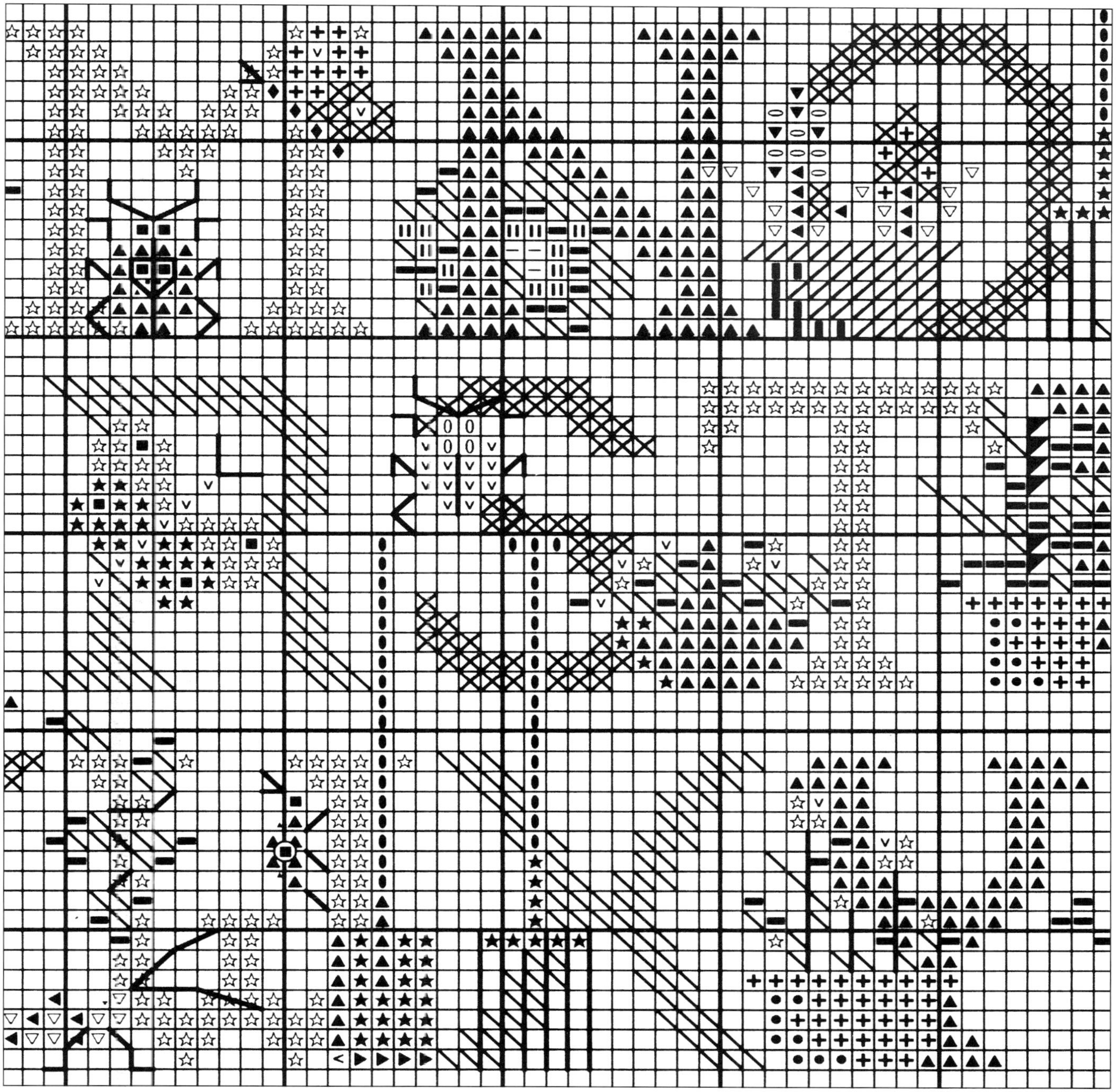

*Détail de l'abécédaire du jardin*

# La coccinelle et le pot de fleurs

## Fournitures

***• Un chemisier de coton blanc.***
***• Tire-fil (6 croix /cm) 6 x 6 cm.***
***• Un assortiment de boutons fantaisie sur le thème du jardin.***
***• Une échevette de Mouliné Spécial DMC dans les coloris suivants : bleu 809, 798, vert 772, 3348, 3347, 3345, jaune 742, rouge 817, brique 922, 920, noir 310, Blanc.***

***Une autre version vous est proposée avec 2 coloris supplémentaires : rose 776, 899***

*Une simple broderie, quelques boutons-fleurs, une coccinelle et ce chemisier nous raconte son histoire.*

Mouliné
Spécial DMC

- // 817
- + 798
- ı 809
- ○ 742
- ■ 310
- ıı 3348
- / 922
- ✕ 920
- > 776
- ▬ 899
- ▼ 3347
- ▽ 772
- ◆ 3345
- · Blanc

pt de piqûre
et pt de nœud,
voir diagramme

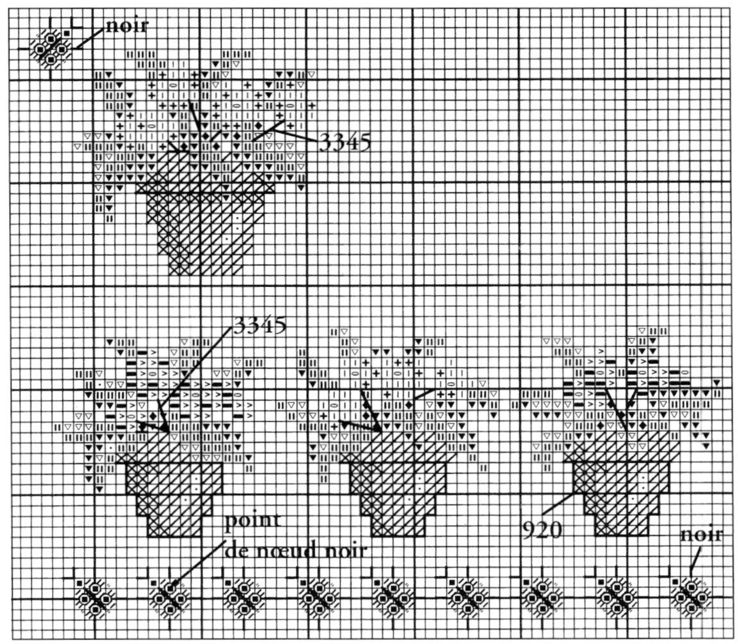


## Réalisation

Repérer l'emplacement de la broderie avec un fil de couleur. Coudre soigneusement le tire-fil à petits points, bien à plat. Broder en prenant toutes les épaisseurs ensemble, à l'aide d'une aiguille pointue. Pour le point de croix et celui de piqûre, utiliser 2 brins de Mouliné sur 2 fils de la trame du tire-fil. Broder le motif en suivant les indications du diagramme. La broderie terminée, ôter le tire-fil puis repasser l'ouvrage sur l'envers. Enfin, coudre les boutons fantaisie.

valent mieux
fourches.
76 Proverbes de jardin
Chassez la nature
avec une fourche,
elle reviendra

# Jardinage

## Fournitures

• Toile de lin blanche (12 fils/cm) : 49 x 42 cm (marges de 8 cm) ; avec le tablier : 63 x 42 cm.
• Une échevette de Mouliné Spécial DMC dans les coloris suivants : bleu 809, 798, vert 772, 3348, 3347, 3345, 3818, jaune 3821, 727, rouge 817, 350, rose 353, 818, 776, 899, brique 922, 920, 918, brun 611, 613, marron 436, 434, 680, 676, 677, gris 647, 415, 414, 3799, noir 310, Blanc, Écru.
• Deux échevettes de Mouliné Spécial DMC dans les coloris suivants : vert 910, 913.

*Brodez votre jardin, vos plantes et vos outils, mais attention aux escargots !*

## Réalisation

Surfiler tous les côtés de la toile. Repérer le milieu du tissu en le pliant en quatre. Centrer le motif en suivant les indications du diagramme. Broder au point de croix avec 2 brins de Mouliné sur 2 fils de trame. Pour le point de piqûre, utiliser 1 brin de Mouliné. La broderie terminée, repasser soigneusement sur l'envers. Si vous avez choisi la version avec le tablier de jardinier (voir le patron page 11), coudre un bouton en bois de façon à pouvoir l'accrocher.

** raccord pour le petit format (sans espace pour le tablier)*

*milieu pour le petit format* *raccord*

*raccord*

* *raccord pour le petit format (sans espace pour le tablier)*

*raccord*

*raccord*

Mouliné
Spécial DMC

- ★ 817
- ☆ 727
- ◢ 3799
- v 3821
- ✕ 910
- / 913
- \+ 798
- = 809
- \- 353
- ◆ 3818
- · Blanc
- ■ 310
- ∴ 350
- ıı 3348
- ◣ 611
- ▬ 922
- ♥ 920
- ▮ 647
- ◣ 436
- : 818
- ◎ 776
- ▼ 899
- ● 3347
- < 415
- ◀ 414
- ◘ 918
- \\ Écru
- ⊖ 676
- ▲ 680
- ◖ 677
- ı 434
- 0 613
- • 772
- ◥ 3345

pt de piqûre
et pt de nœud
(sur le sécateur),
voir diagramme

# Vacances en Polynésie

*La famille Ours passe une journée à la plage ; chacun a enfilé son maillot de bain brodé et savoure ce moment de rêve, allongé sur le sable chaud.*

## Fournitures

***• La famille Ours :***
***toile de lin grège (12 fils/cm) : 50 x 100 cm.***
***• Une échevette de Mouliné Spécial DMC dans les coloris suivants : bleu 798, 797, 3755, 597, 598, rose 352, orange 721, jaune 743, vert 702, 704, 700, marron 301, 407, Blanc, gris 3799, marron 839 pour les yeux et le museau.***
***• Fibre synthétique pour la garniture.***
***• Perles de bois, coquillages, raphia pour habiller et décorer les ours.***
***• Une serviette de plage (la plus grande) : 24,5 x 17 cm de toile de lin écrue (12 fils/cm), rentrés de 1,5 cm compris. On peut aussi choisir des marges un peu plus larges, pour pouvoir broder avec un tambour.***

## Réalisation

***La famille Ours :***

Marquer, au crayon à patron, les différentes pièces des patrons des ours, ajouter 1 cm pour les coutures. Broder ensuite les corps, dos et devant, au point de croix avec 2 brins de Mouliné sur 2 fils de trame. Pour le point de piqûre, utiliser 1 brin de Mouliné. La broderie terminée, repasser soigneusement sur l'envers. Couper les pièces en suivant le patron : commencer par assembler la tête (les deux côtés et le dessus), et la garnir de fibre synthétique. Assembler les oreilles, les fermer et les coudre sur les côtés de la tête. Former les bras et les jambes, les garnir, tasser la fibre, puis les bâtir sur le dos en les tournant vers l'intérieur et en respectant les emplacements non brodés. Poser le devant sur le dos, endroit contre endroit, en prenant les bras et les jambes entre les deux. Coudre tout autour en laissant une ouverture pour le cou. Retourner sur l'endroit, tasser la fibre à l'intérieur. Glisser la tête dans l'ouverture et la coudre à petits points serrés et solides. Pour terminer, broder les yeux et le

## *Le patron de l'ours*

*(le père et la mère sont au format du patron ;*
*pour les enfants, réduire les dimensions à :*
*85 % pour le grand frère et la grande sœur,*
*70 % pour le petit frère et la petite sœur,*
*55 % pour le bébé.)*

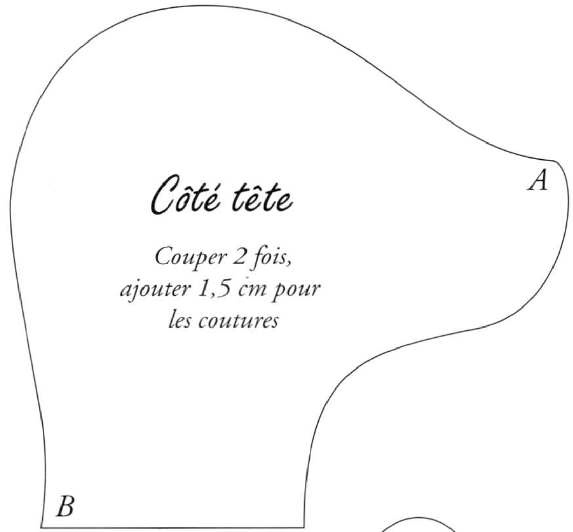


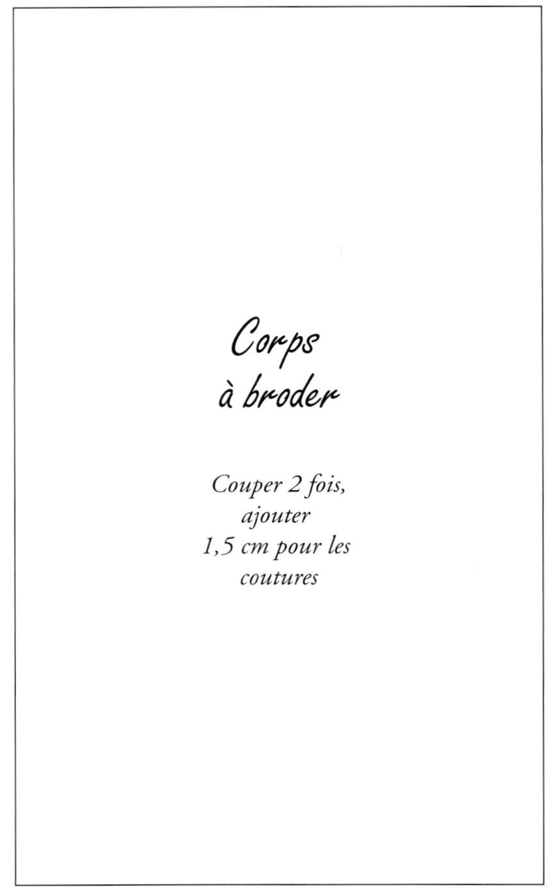


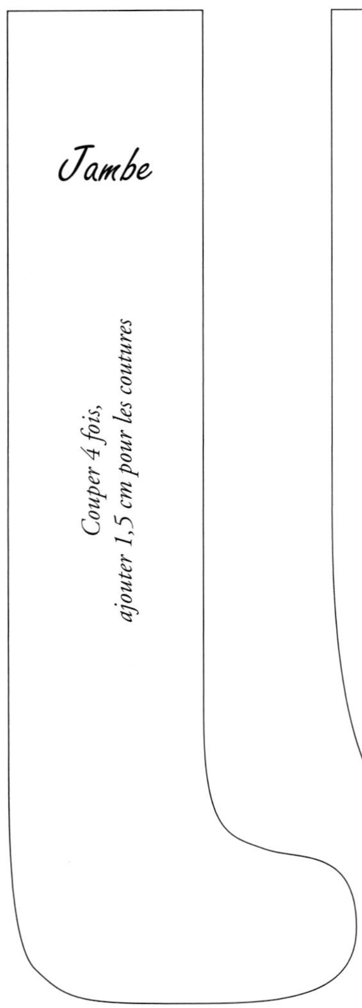


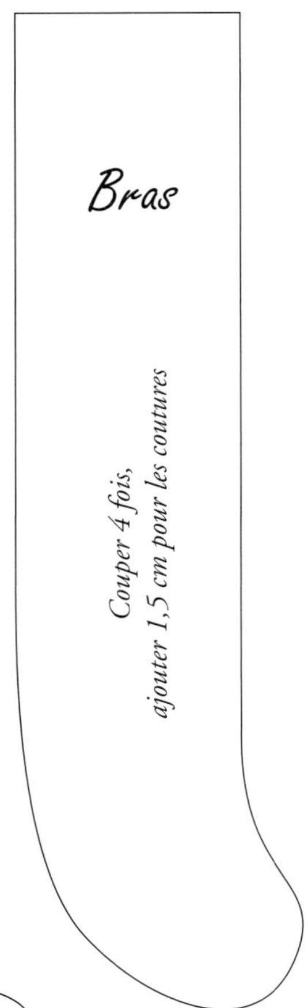

museau de chaque ours. Un conseil : si le lin est d'un tissage trop lâche, on peut renforcer les bords du tissu avec de la toile thermocollante fine que l'on trouvera aussi en mercerie.

***Les serviettes de plage :***

Surfiler les côtés, repérer le milieu de la toile en la pliant en quatre. Centrer le motif en suivant les indications du diagramme. Broder au point de croix avec 2 brins de Mouliné sur 2 fils de trame. Sur l'envers, faire tout autour un rentré de 1,5 cm, plier les angles en onglet, marquer le tout au fer, piquer pour maintenir le rentré et repasser.

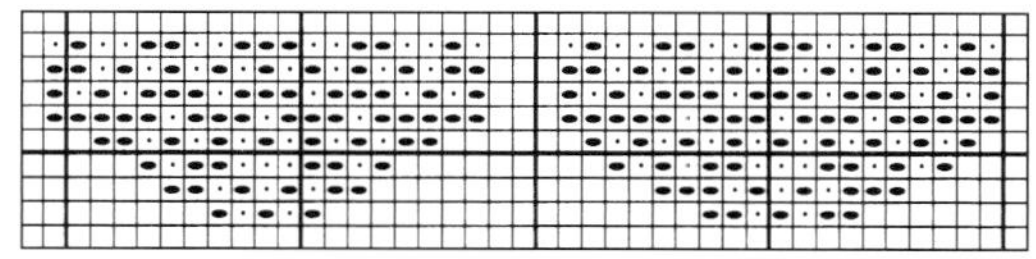

Mouliné Spécial DMC

- ◢ 3799
- ⌀ 598
- ▬ 702
- • 704
- + 798
- ◂ 721
- ✕ 743
- ▬ 352
- ◆ 301
- · Blanc
- ◣ 700
- ıı 597
- ★ 797
- ▮ 407
- ╲ 3755

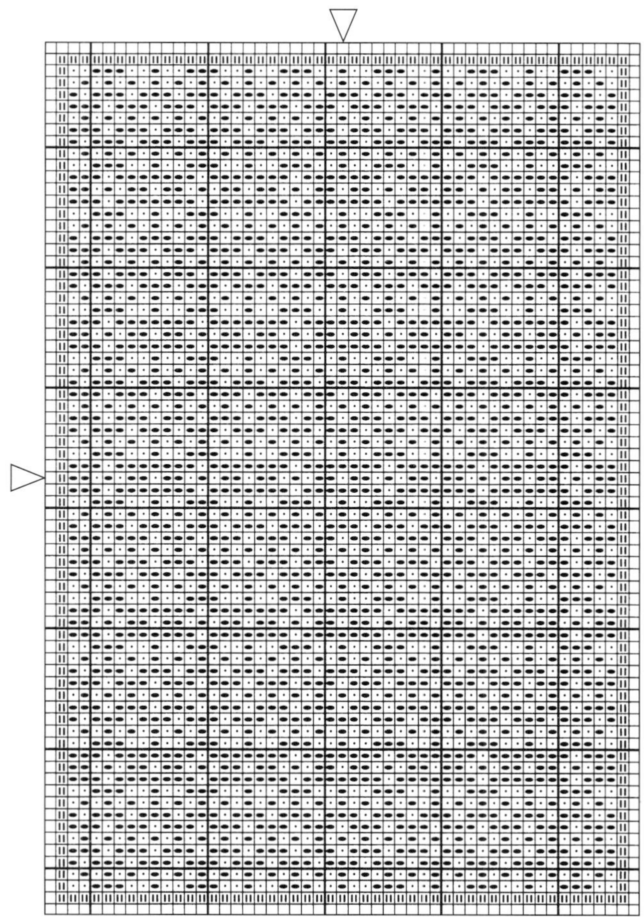

Mouliné
Spécial DMC

- ◢ 3799
- ⁄ 598
- ▬ 702
- • 704
- + 798
- ◂ 721
- ✕ 743
- ▬ 352
- ◆ 301
- · Blanc
- ◣ 700
- ıı 597
- ★ 797
- ▮ 407
- ╲ 3755

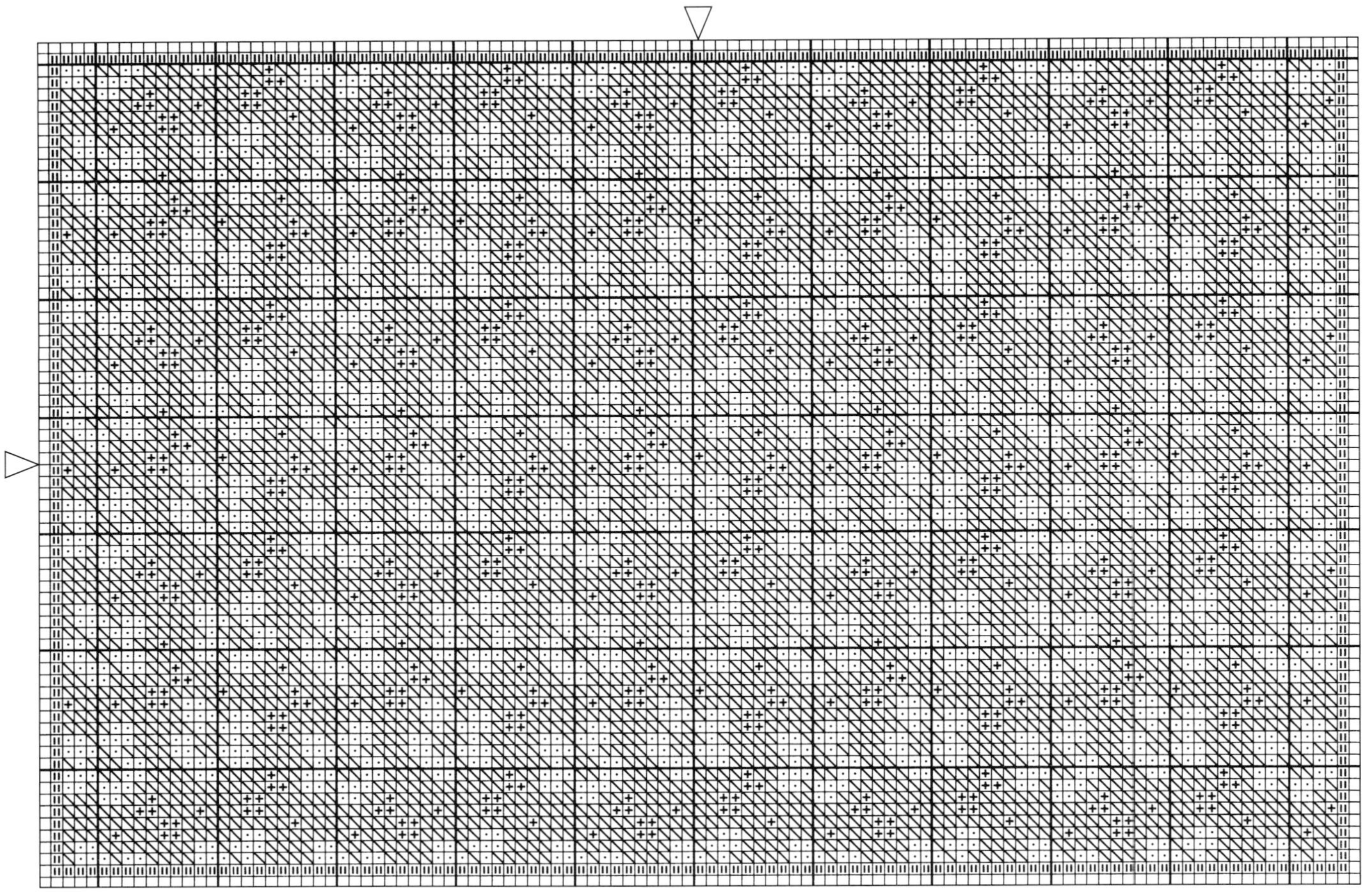

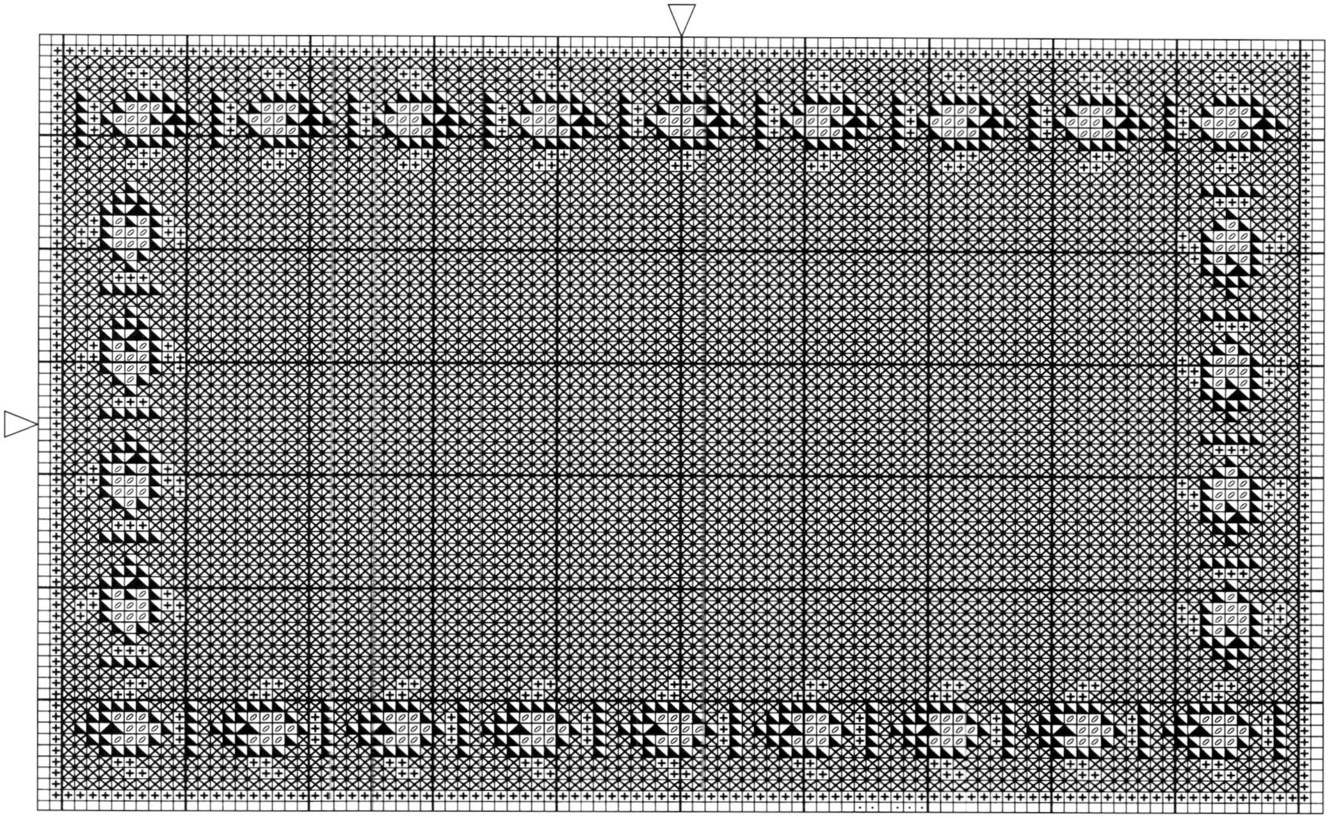

Mouliné
Spécial DMC

- ◢ 3799
- ⁰ 598
- ▬ 702
- • 704
- + 798
- ◂ 721
- ✕ 743
- ▬ 352
- ◆ 301
- · Blanc
- ◣ 700
- ıı 597
- ★ 797
- ▮ 407
- ╲ 3755

Mouliné
Spécial DMC

- ◢ 3799
- ⁰ 598
- ▬ 702
- • 704
- + 798
- ◂ 721
- ✕ 743
- ▬ 352
- ◆ 301
- · Blanc
- ◣ 700
- ıı 597
- ★ 797
- ▮ 407
- ╲ 3755

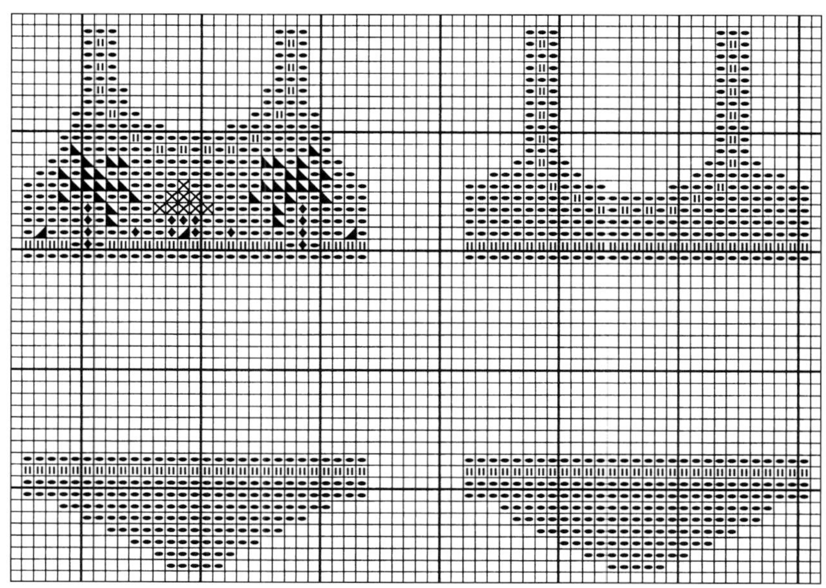

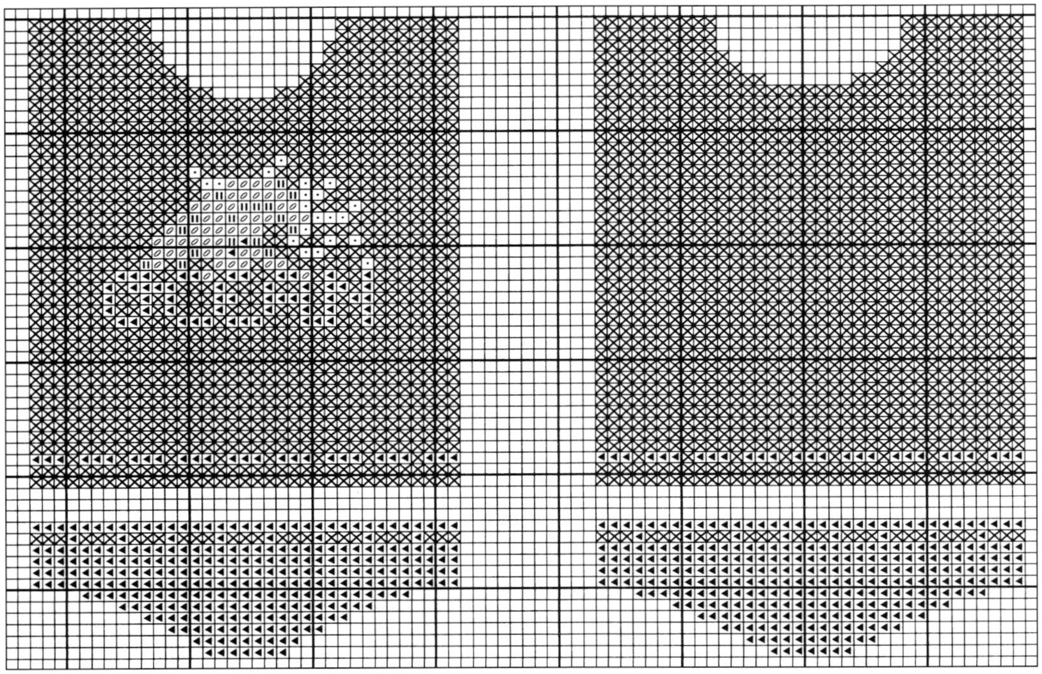

Mouliné
Spécial DMC

- ◢ 3799
- ⌀ 598
- ▬ 702
- • 704
- + 798
- ◂ 721
- ✕ 743
- ▬ 352
- ◆ 301
- · Blanc
- ◣ 700
- ıı 597
- ★ 797
- ▮ 407
- ╲ 3755

Mouliné
Spécial DMC

- ◢ 3799
- ⌀ 598
- ▬ 702
- • 704
- + 798
- ◂ 721
- ✕ 743
- ▬ 352
- ◆ 301
- · Blanc
- ◣ 700
- ıı 597
- ★ 797
- ▮ 407
- ╲ 3755

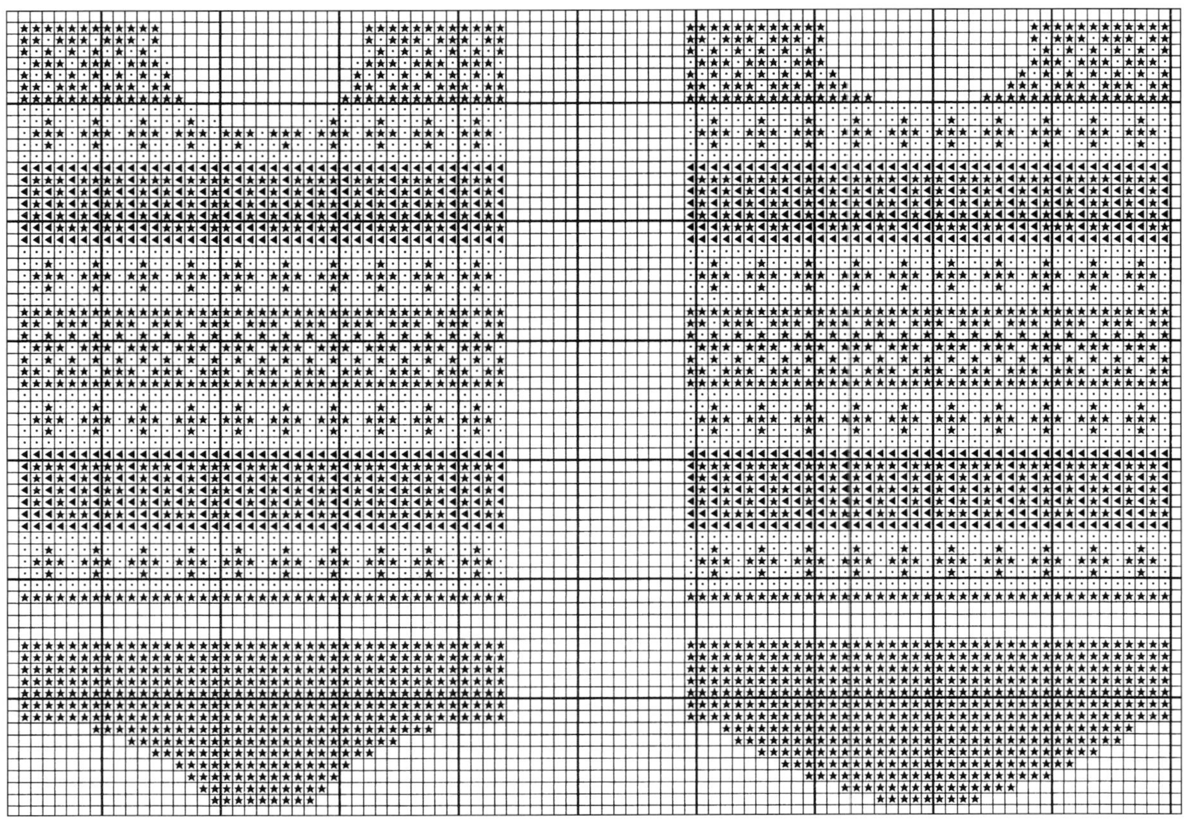

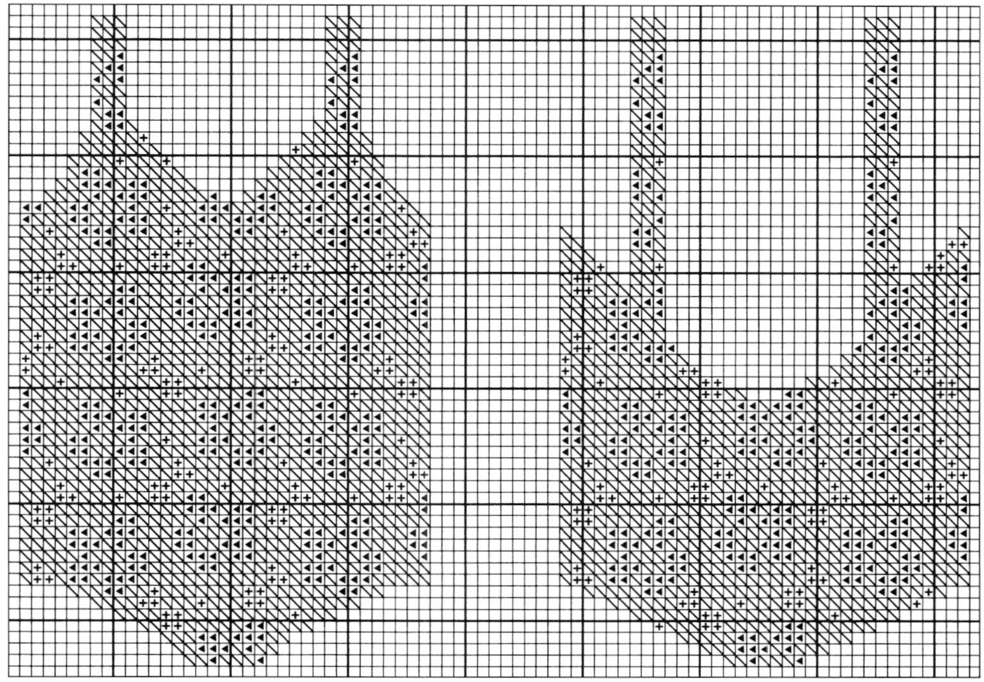

Mouliné
Spécial DMC

| | |
|---|---|
| ◢ 3799 | ◆ 301 |
| ⁰ 598 | · Blanc |
| ▬ 702 | ◣ 700 |
| • 704 | ıı 597 |
| + 798 | ★ 797 |
| ◂ 721 | ▮ 407 |
| ✕ 743 | ╲ 3755 |
| ⬬ 352 | |

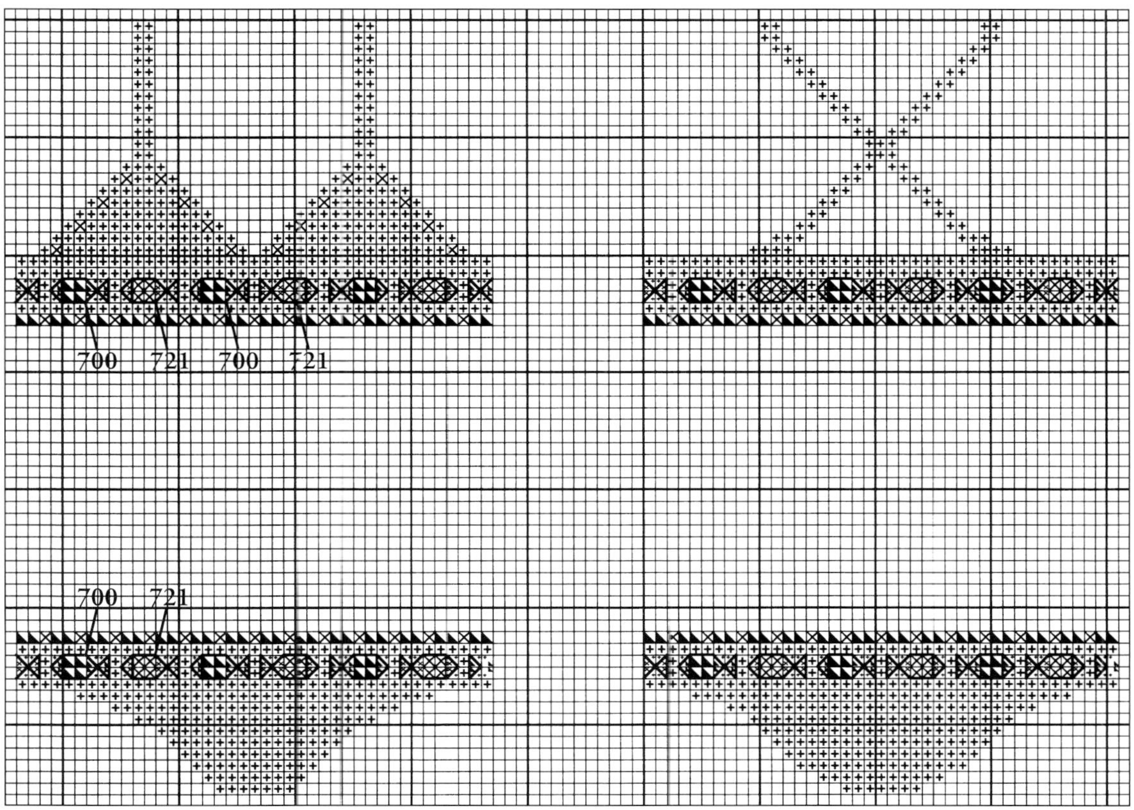


Mouliné
Spécial DMC

| | |
|---|---|
| ◢ 3799 | · Blanc |
| ⁰ 598 | ◣ 700 |
| ▬ 702 | ıı 597 |
| • 704 | ★ 797 |
| + 798 | ▮ 407 |
| ◂ 721 | ╲ 3755 |
| ✕ 743 | pt de piqûre, voir diagramme |
| ⬬ 352 | |
| ◆ 301 | |

# Abécédaire de la Polynésie

*Fleur de tiare, crabe maculé, corail...*
*... tous ces motifs exotiques nous invitent au dépaysement.*

## Fournitures

- Toile de lin bis (12 fils/cm) : 50,5 x 56 cm (marges de 8 cm).
- Une échevette de Mouliné Spécial DMC dans les coloris suivants : bleu 3766, 798, vert 704, 702, 3348, 772, corail 3801, violet 553, jaune 725, 727, orange 742, 740, gris 762, 3072, 317, 318, 3799, marron 435, 433, ocre 676, 729, brique 922, 920.
- Trois échevettes de Mouliné Spécial DMC : bleu 597.
- Trois échevettes de Mouliné Spécial DMC : Blanc.

## Réalisation

Surfiler tous les côtés de la toile. Repérer le milieu en la pliant en quatre. Broder au point de croix avec 2 brins de Mouliné sur 2 fils de trame. Pour le point de piqûre, utiliser 1 brin de Mouliné. Centrer la broderie en suivant les indications du diagramme. Quand la broderie est terminée, repasser bien soigneusement l'ouvrage sur l'envers.

Mouliné
Spécial DMC

- × 597
- · Blanc
- ^ 725
- ı 727
- + 742
- ⸌ 762
- ● 318
- ☆ 3801
- ◣ 3799
- – 740
- = 920
- • 704
- ♦ 702
- / 676
- ▬ 729
- ◂ 435
- ⬭ 3766
- ▽ 772
- ▮ 3348
- ★ 317
- ◢ 433
- ■ 798
- \ 3072
- ˅ 922
- ▼ 553

pt de piqûre,
voir
diagramme

raccord
317
3799
317
433
Blanc
433

Mouliné
Spécial DMC

- × 597
- · Blanc
- ^ 725
- ı 727
- + 742
- ⸗ 762
- ⬮ 318
- ☆ 3801
- ◣ 3799
- − 740
- = 920
- • 704
- ♦ 702
- ╱ 676
- ▬ 729
- ◀ 435
- ⬭ 3766
- ▽ 772
- ▮ 3348
- ★ 317
- ◢ 433
- ■ 798
- ╲ 3072
- ˅ 922
- ▼ 553

pt de piqûre,
voir
diagramme

*raccord*

Tahiti

# Les îles de la Société

*Îles sous le vent ou îles du vent...*
*l'eau turquoise de leurs lagons*
*invite à la baignade.*

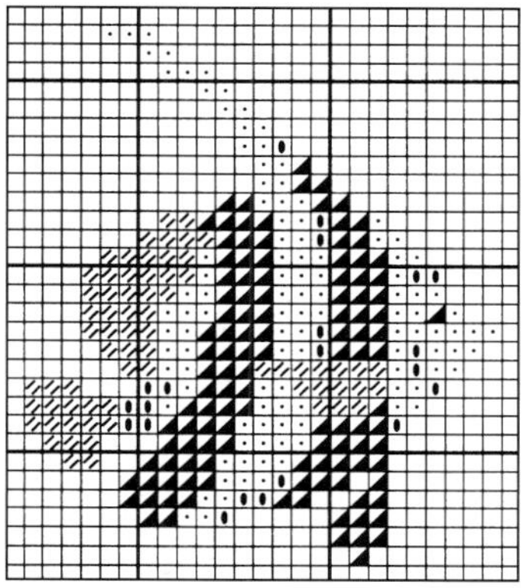

## Fournitures

**Pour les îles Tahiti, Moorea et Maupiti :**

- **Toile de lin bis (12 fils/cm) : 45,5 x 40,5 cm (marges de 8 cm).**

**Pour les îles Tahaa-Raiatea, Huanine et Bora Bora :**

- **Toile de lin bis (12 fils/cm) : 42,5 x 42,5 cm (marges de 8 cm).**
- **Une échevette de Mouliné Spécial DMC dans les coloris suivants : bleu 598, 809, 797, 798, 3752, 931, 930, vert 704, 702, 700, 3348, 772, corail 3801, rouge 817, violet 553, beige 543, jaune 726, orange 742, 741, 740, gris 762, 3072, 317, 318, 3799, marron 435, 433, 3787, 3022, ocre 676, 729, brique 922, 920, 918, Blanc.**
- **Deux échevettes de Mouliné Spécial DMC : bleu 806.**

## Réalisation

Choisir une île en sachant qu'il y a deux frises différentes en fonction de leur taille : Tahaa-Raiatea, Huanine et Bora Bora ont un cadre carré, tandis que Tahiti, Moorea et Maupiti en ont un rectangulaire. Surfiler tous les côtés de la toile. Repérer le milieu en la pliant en quatre. Broder au point de croix avec 2 brins de Mouliné sur 2 fils de trame. Pour le point de piqûre, utiliser 1 brin de Mouliné. Centrer la broderie en suivant les indications du diagramme. La broderie terminée, repasser soigneusement sur l'envers.

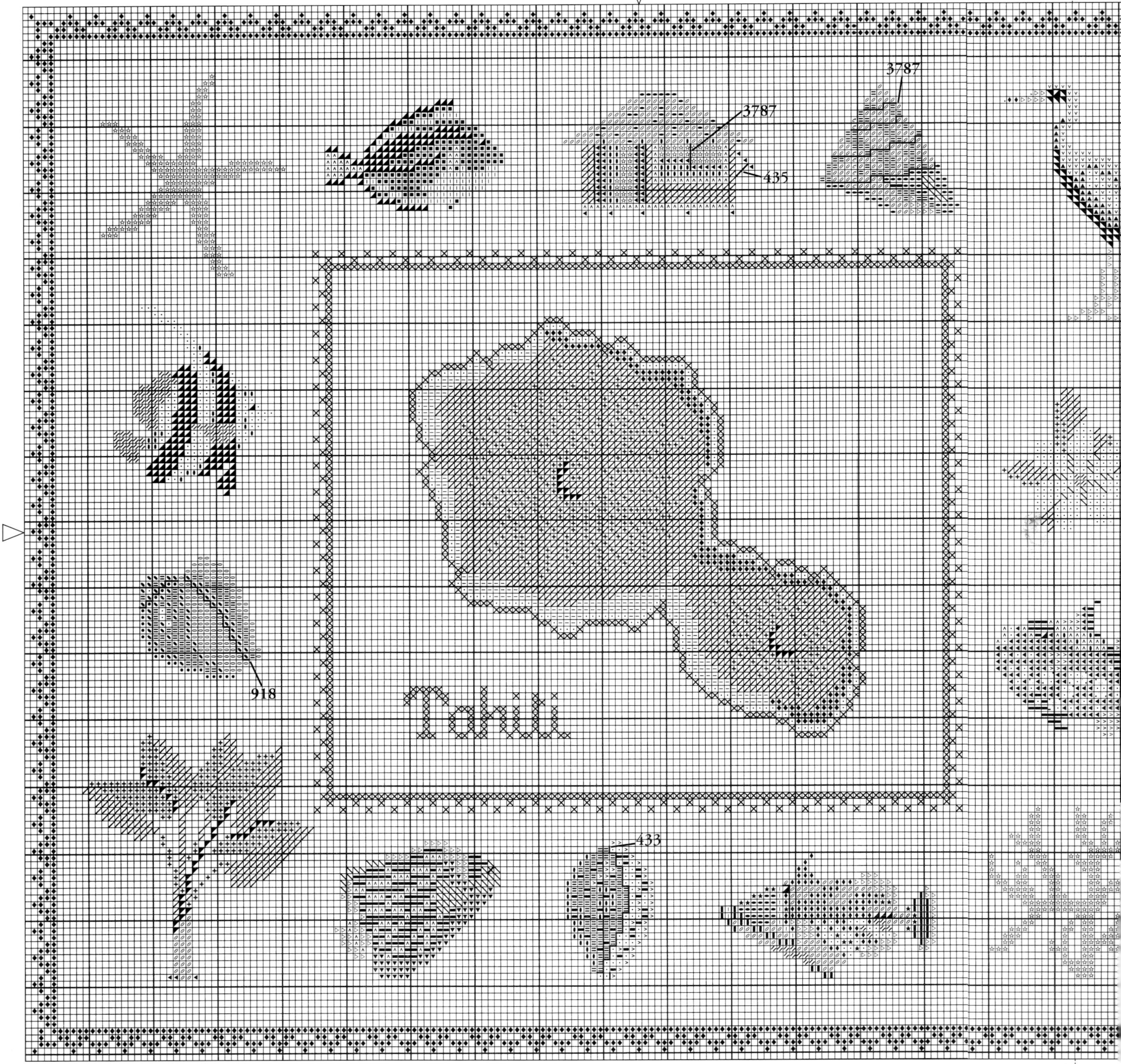


raccord

*raccord*

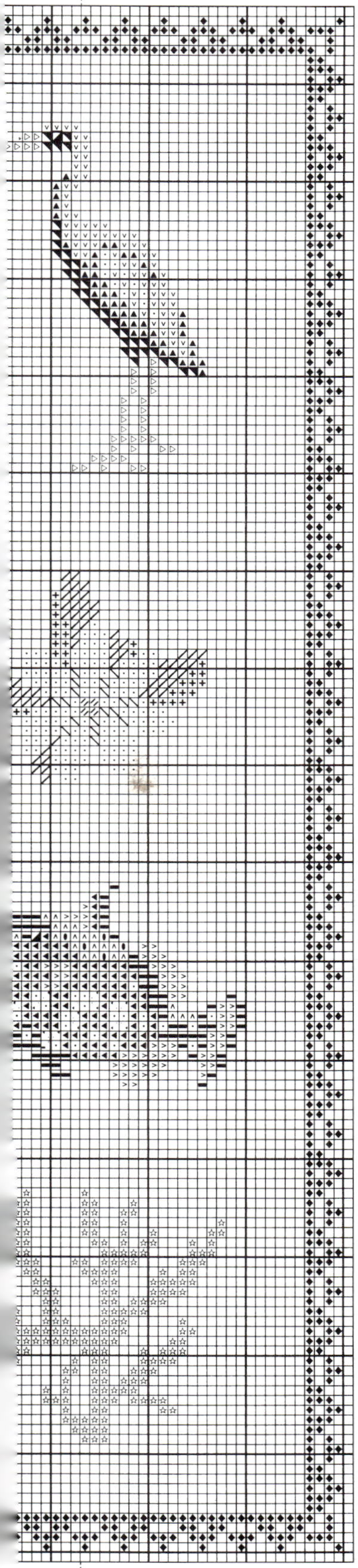

*raccord*

Mouliné
Spécial DMC

| | |
|---|---|
| − | 598 |
| · | Blanc |
| ∧ | 726 |
| ⁄⁄ | 742 |
| ▮ | 318 |
| ☆ | 3801 |
| ◢ | 3799 |
| ▮ | 740 |
| ▷ | 741 |
| / | 704 |
| + | 702 |
| ◤ | 700 |
| ○ | 676 |
| ▬ | 729 |
| ◀ | 435 |
| ▬ | 433 |
| ■ | 798 |
| \ | 3072 |
| = | 922 |
| ⬭ | 543 |
| ▼ | 553 |
| ✕ | 797 |
| ◆ | 806 |
| ı | 809 |
| ★ | 3022 |
| ♦ | 3787 |
| v | 3752 |
| ▲ | 931 |
| ◥ | 930 |
| ◣ | 920 |
| ● | 918 |
| > | 762 |

pt de piqûre,
voir
diagramme

Mouliné
Spécial DMC

- − 598
- · Blanc
- ^ 726
- ⁄⁄ 742
- ● 318
- ☆ 3801
- ◢ 3799
- ▮ 740
- ▷ 741
- ╱ 704
- + 702
- ◤ 700
- ⌀ 676
- ▬ 729
- ◀ 435
- ▬ 433
- ■ 798
- ╲ 3072
- = 922
- ○ 543
- ▼ 553
- ✕ 797
- ◆ 806
- ı 809
- ★ 3022
- ♦ 3787
- v 3752
- ▲ 931
- ◥ 930
- ◖ 920
- • 918
- > 762

pt de piqûre, voir diagramme

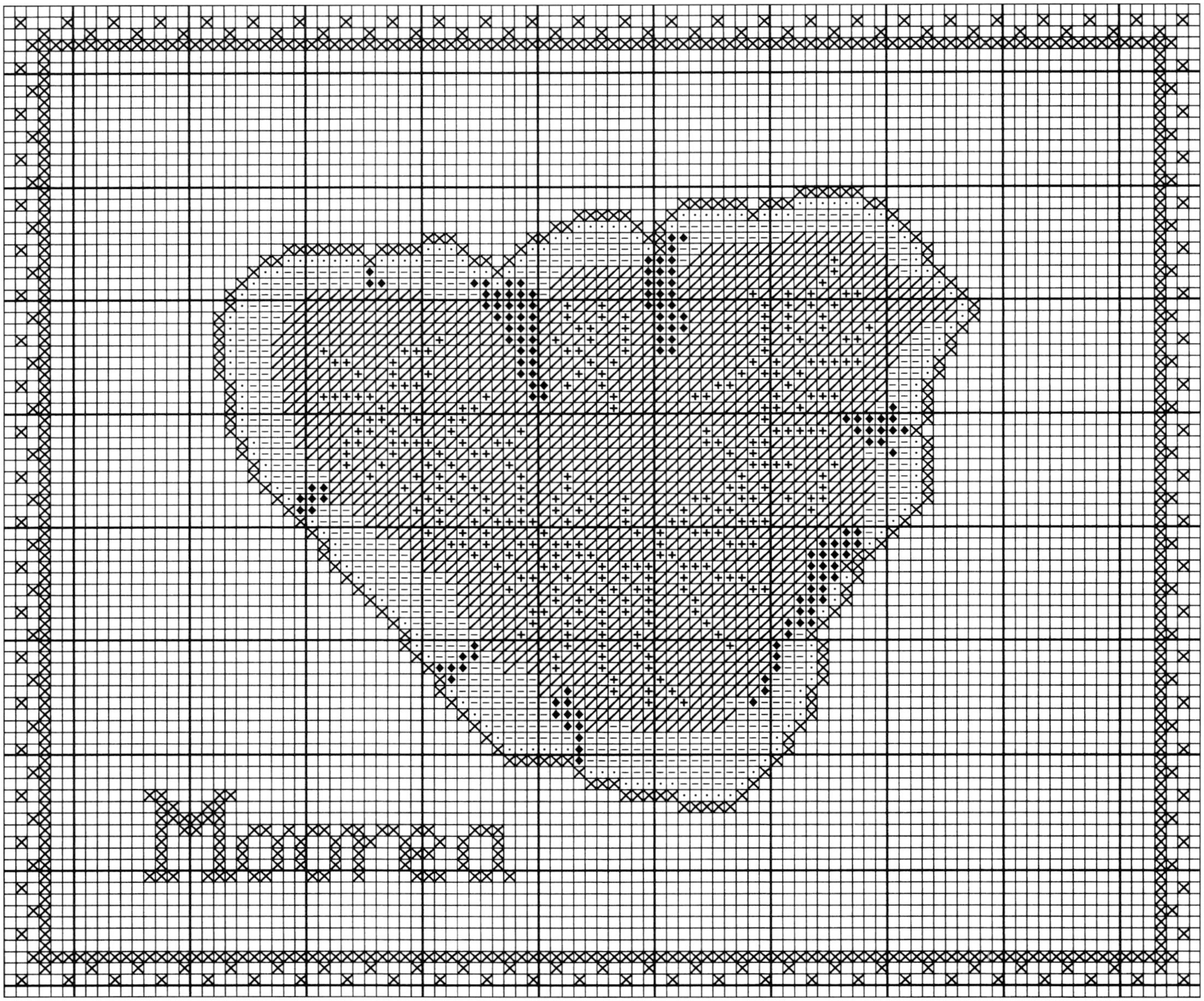


*L'encadrement en bleu peut vous servir de repère pour placer votre île au centre de la grille de la page 40.*

Mouliné
Spécial DMC

- − 598
- · Blanc
- ∧ 726
- ⁄⁄ 742
- ▮ 318
- ☆ 3801
- ◢ 3799
- ▮ 740
- ▷ 741
- ∕ 704
- + 702
- ◤ 700
- ⌀ 676
- ▬ 729
- ◀ 435
- ▬ 433
- ■ 798
- ╲ 3072
- = 922
- ⊖ 543
- ▼ 553
- ✕ 797
- ◆ 806
- ı 809
- ★ 3022
- ♦ 3787
- v 3752
- ▲ 931
- ◥ 930
- ◣ 920
- • 918
- > 762

pt de piqûre, voir diagramme

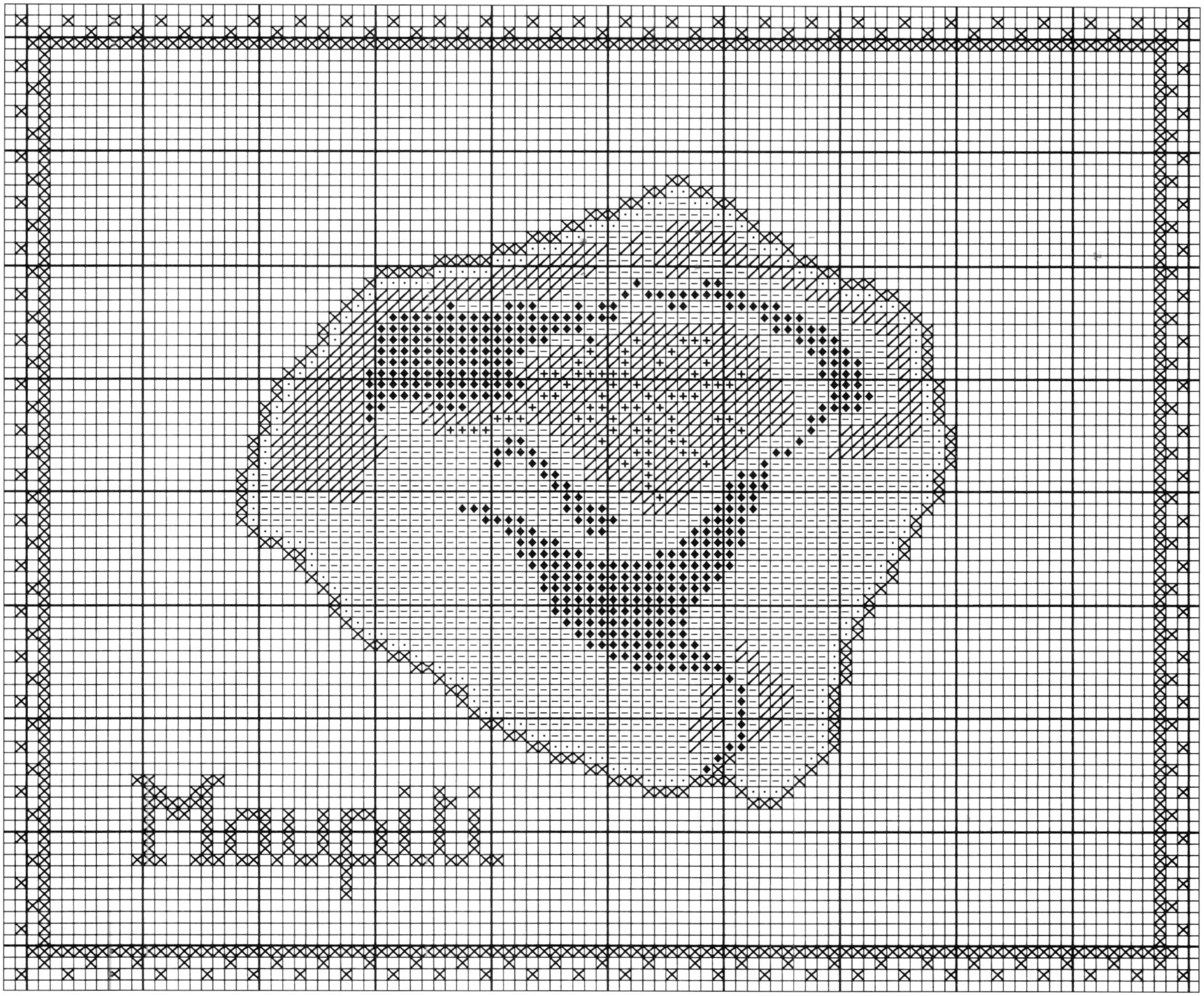


*L'encadrement en bleu peut vous servir de repère pour placer votre île au centre de la grille de la page 40.*

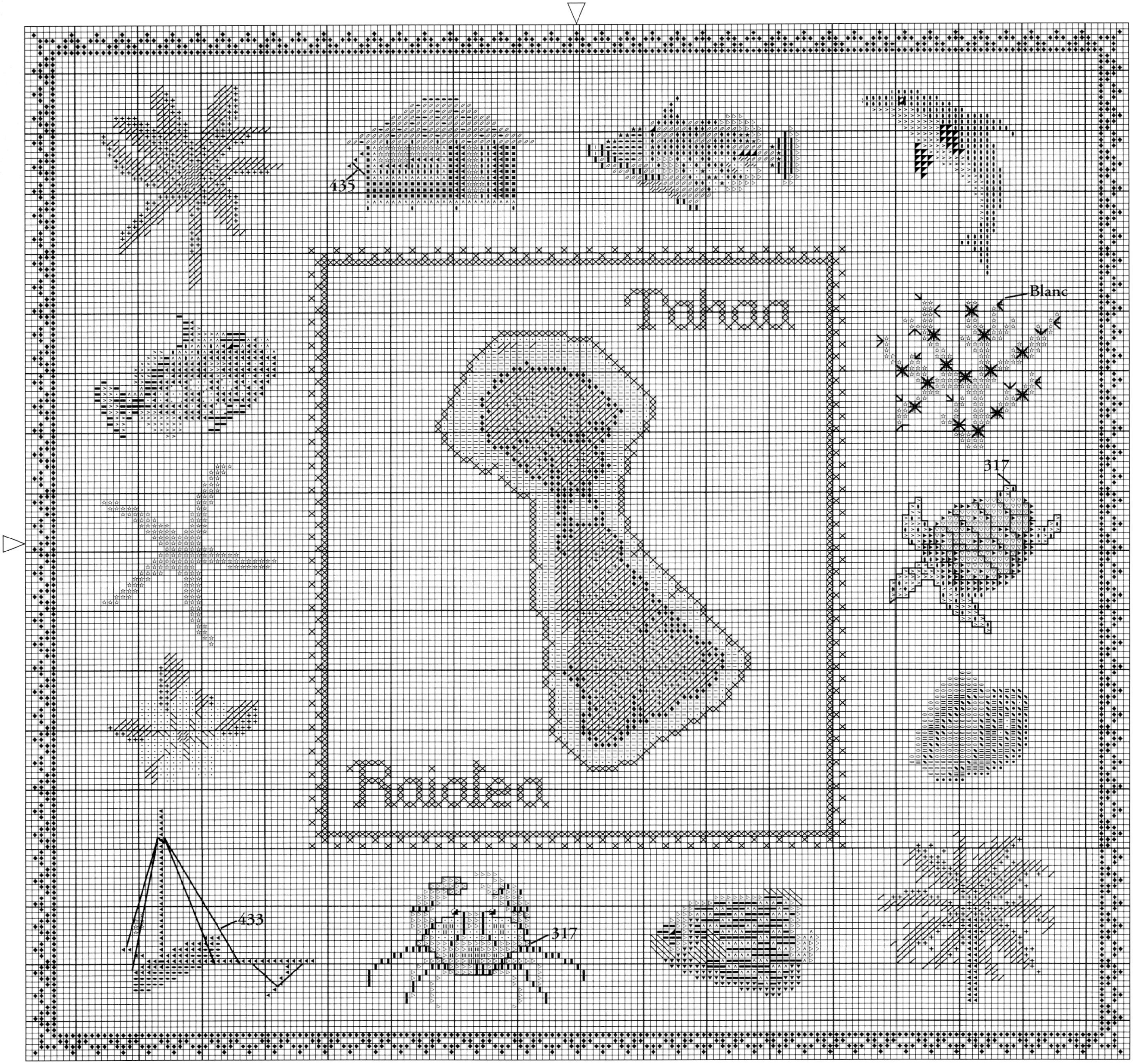
435
Tahaa
Blanc
317
Raiatea
433
317

Mouliné
Spécial DMC

- – 598
- · Blanc
- ^ 726
- ⁄⁄ 742
- ⬮ 318
- ☆ 3801
- ◢ 3799
- ▮ 740
- ▷ 741
- ıı 817
- ╱ 704
- + 702
- ⊘ 676
- ⬬ 729
- ◀ 435
- ▽ 772
- ▶ 3348
- ▬ 433
- ■ 798
- ╲ 3072
- = 922
- ⬭ 543
- ▼ 553
- ✕ 797
- ◆ 806
- ı 809
- ★ 3022
- ♦ 3787
- ◥ 920
- • 918
- > 762
- ◤ 317

pt de piqûre,
voir
diagramme

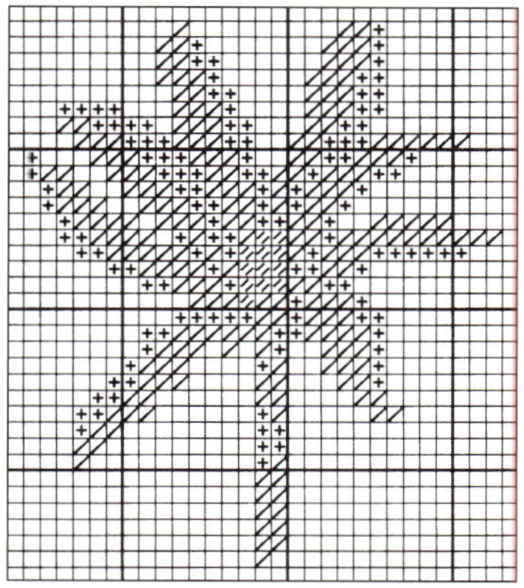

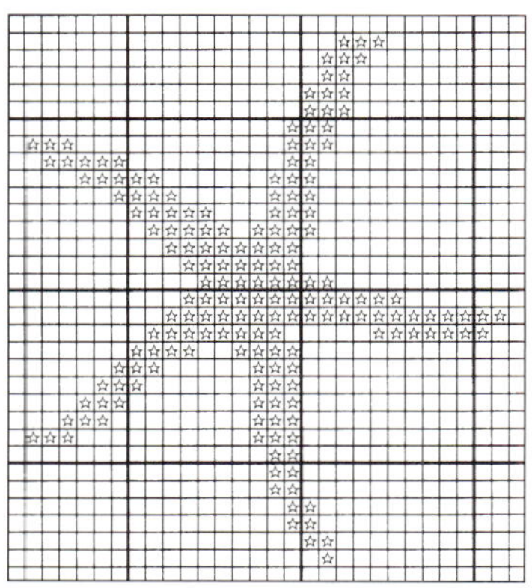

Mouliné
Spécial DMC

- – 598
- · Blanc
- ∧ 726
- ⁄⁄ 742
- ⬮ 318
- ☆ 3801
- ◢ 3799
- ▮ 740
- ▷ 741
- ıı 817
- / 704
- + 702
- ⌀ 676
- ⬬ 729
- ◀ 435
- ▽ 772
- ▶ 3348
- ▬ 433
- ■ 798
- \ 3072
- = 922
- ○ 543
- ▼ 553
- ✕ 797
- ◆ 806
- ı 809
- ★ 3022
- ♦ 3787
- ◥ 920
- • 918
- > 762
- ◤ 317

pt de piqûre, voir diagramme

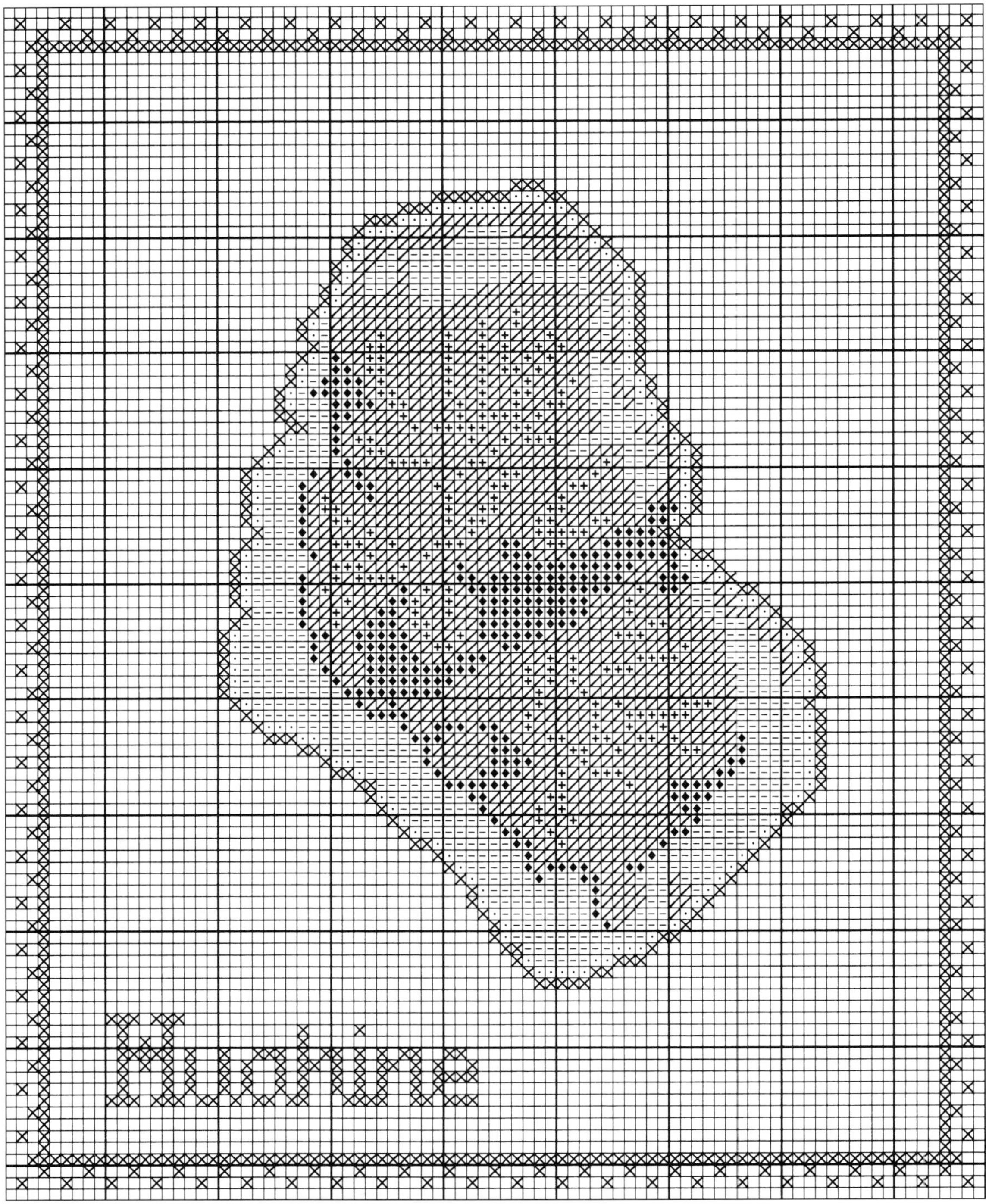

*L'encadrement en bleu peut vous servir de repère pour placer votre île au centre de la grille de la page 44.*

Mouliné
Spécial DMC

- − 598
- · Blanc
- ^ 726
- ⁄⁄ 742
- ● 318
- ☆ 3801
- ◢ 3799
- ▮ 740
- ▷ 741
- ıı 817
- ╱ 704
- + 702
- ○ 676
- ⬬ 729
- ◀ 435
- ▽ 772
- ▶ 3348
- ▬ 433
- ■ 798
- ╲ 3072
- = 922
- ⬭ 543
- ▼ 553
- ✕ 797
- ◆ 806
- ı 809
- ★ 3022
- ♦ 3787
- ⬮ 920
- • 918
- > 762
- ◤ 317

pt de piqûre, voir diagramme

*L'encadrement en bleu peut vous servir de repère*
*pour placer votre île au centre de la grille de la page 44.*

ABCDEFGH
IJKLMNOP
QRSTUVWXYZ

# Alphabet aux « fare »

## Fournitures

• Toile de lin écrue (12 fils/cm) : 40 x 48 cm (marges de 8 cm).
• Une échevette de Mouliné Spécial DMC dans les coloris suivants :
bleu 3761, 798, 959,
vert 704, 702,
rose 3708, 3705,
jaune 726, gris 414,
marron 434, 433,
ocre 676, 729, Blanc.
• Deux échevettes de Mouliné Spécial DMC : bleu 598.

*Ces petites maisons polynésiennes ou « fare », installées à l'ombre des palmiers, cachent derrière leurs rideaux de couleurs vives une ombre apaisante.*

## Réalisation

Surfiler tous les côtés de la toile. Repérer le milieu en la pliant en quatre. Broder au point de croix avec 2 brins de Mouliné sur 2 fils de trame. Pour le point de piqûre, utiliser 1 brin de Mouliné. Centrer la broderie en suivant les indications du diagramme. Quand la broderie est terminée, repasser bien soigneusement l'ouvrage sur l'envers.

raccord
433
598
3705
433
3705
414
raccord

Mouliné
Spécial DMC

- ı 676
- + 729
- ▼ 702
- / 434
- ▮ 414
- ■ 798
- ▽ 704
- ıı 3761
- \ 3708
- · Blanc
- 0 726
- ✕ 598
- ⌀ 959
- = 3705

pt de piqûre,
voir
diagramme

# Souricette à l'Opéra

*Derniers exercices à la barre avant l'entrée en scène de notre danseuse, toute froufroutante dans son tutu rose.*

## Fournitures

**Souricette :**
- **Toile de lin blanche (12 fils/cm) : 50 x 35 cm.**
- **Lien de lin blanc de 27 cm pour la queue de la souris.**
- **Fibre synthétique pour la garniture.**
- **Deux échevettes de Mouliné Spécial DMC rose 776.**
- **Une échevette de Mouliné Spécial DMC gris 844 pour les yeux et les moustaches.**

**Vêtements de Souricette :**
- **6 bandes de tulle fin rose de 90 x 13 cm.**
- **45 cm de ruban rose de 1 cm de large.**
- **20 cm de ruban rose de 3 cm de large pour les chaussons, 4 fois 12 cm de ruban rose de 0,5 cm de large, pour attacher les ballerines.**
- **Quelques fleurs en tissu.**
- **Une boîte de perles de rocaille rose métallisé et quelques perles blanc nacré.**

## Réalisation

Marquer, au crayon à patron, les différentes pièces du patron de la souris ; ajouter 1 cm pour les coutures. Broder le corps, dos et devant, au point de croix avec 2 brins de Mouliné sur 2 fils de trame. La broderie terminée, coudre les perles une à une avec un fil d'un coloris assorti en suivant le motif sur le diagramme. Repasser soigneusement sur l'envers, sur un molleton épais de façon à ne pas écraser les perles. Couper les pièces en suivant le patron. Commencer par assembler les oreilles, les fermer, puis les bâtir sur le dos de la tête (voir patron). Fixer la tête (les deux côtés, le dessus et le dos) en prenant les oreilles dans la couture de l'arrière de la tête. La garnir de fibre synthétique. Former les bras et les jambes, les garnir et tasser la fibre. Bâtir sur le dos les membres de la souris, en les tournant vers l'intérieur et en

# Le patron de la danseuse

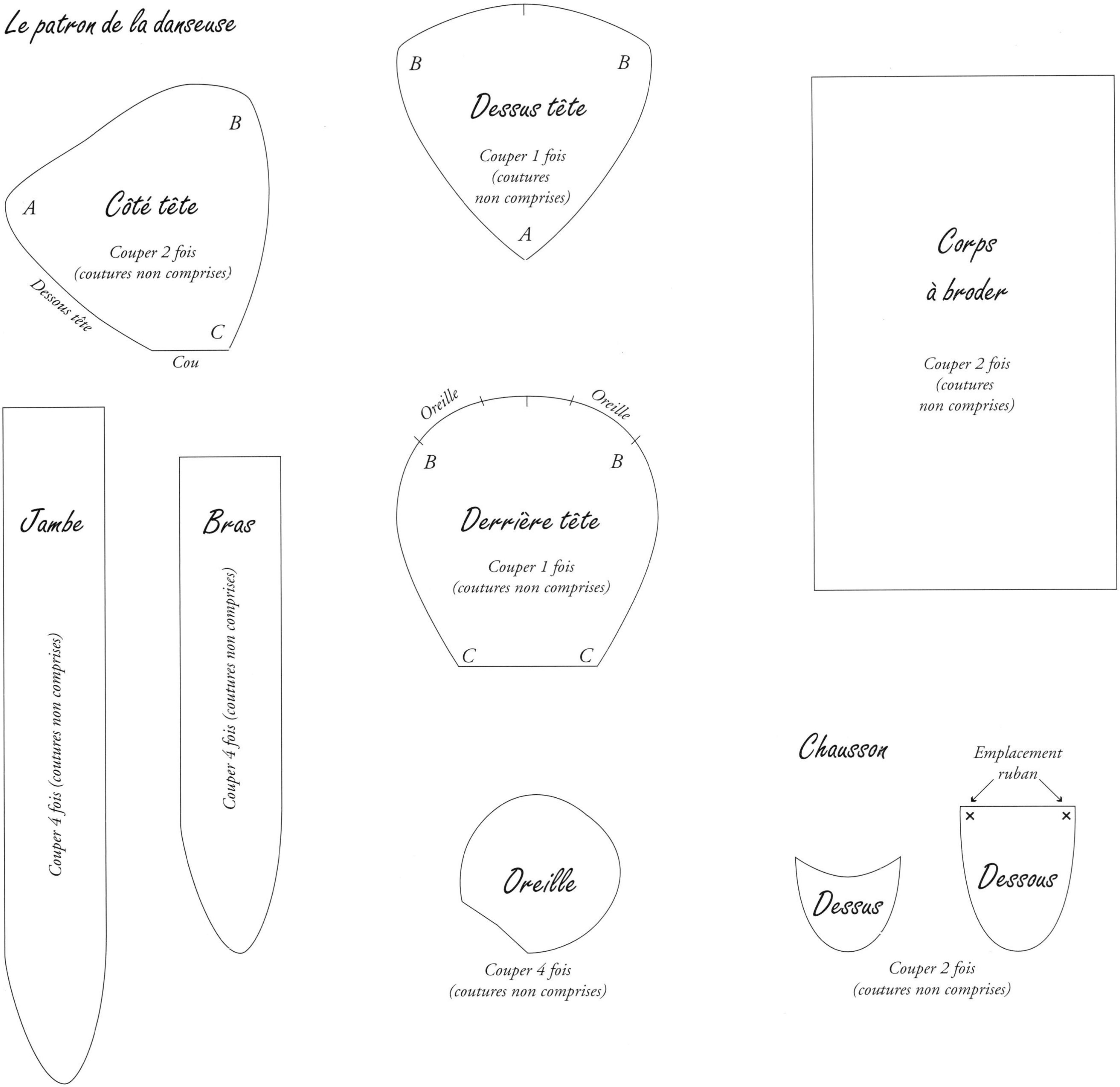

respectant bien les emplacements non brodés. Poser le devant sur le dos, endroit contre endroit, en prenant les bras et les jambes entre les deux. Coudre tout autour en laissant une ouverture pour le cou. Retourner sur l'endroit, tasser la fibre à l'intérieur. Glisser la tête dans l'ouverture et la coudre à petits points serrés et solides. Attacher solidement la queue. Broder les yeux, le bout du museau et placer les moustaches. Pour bien faire tenir ces dernières, les enduire de colle pour tissu ou encore d'eau sucrée.

***Le tutu de la danseuse :***

Froncer les six bandes de tulle à la taille de la souris, les coudre à la base du ruban de 1 cm de large en le centrant de façon à garder assez de longueur pour le nouer au dos de Souricette.

***Les chaussons :***

Surfiler les morceaux, les assembler en s'assurant de leur bonne taille sur les pieds de la souris. Coudre les rubans sur les côtés comme indiqué sur le patron.

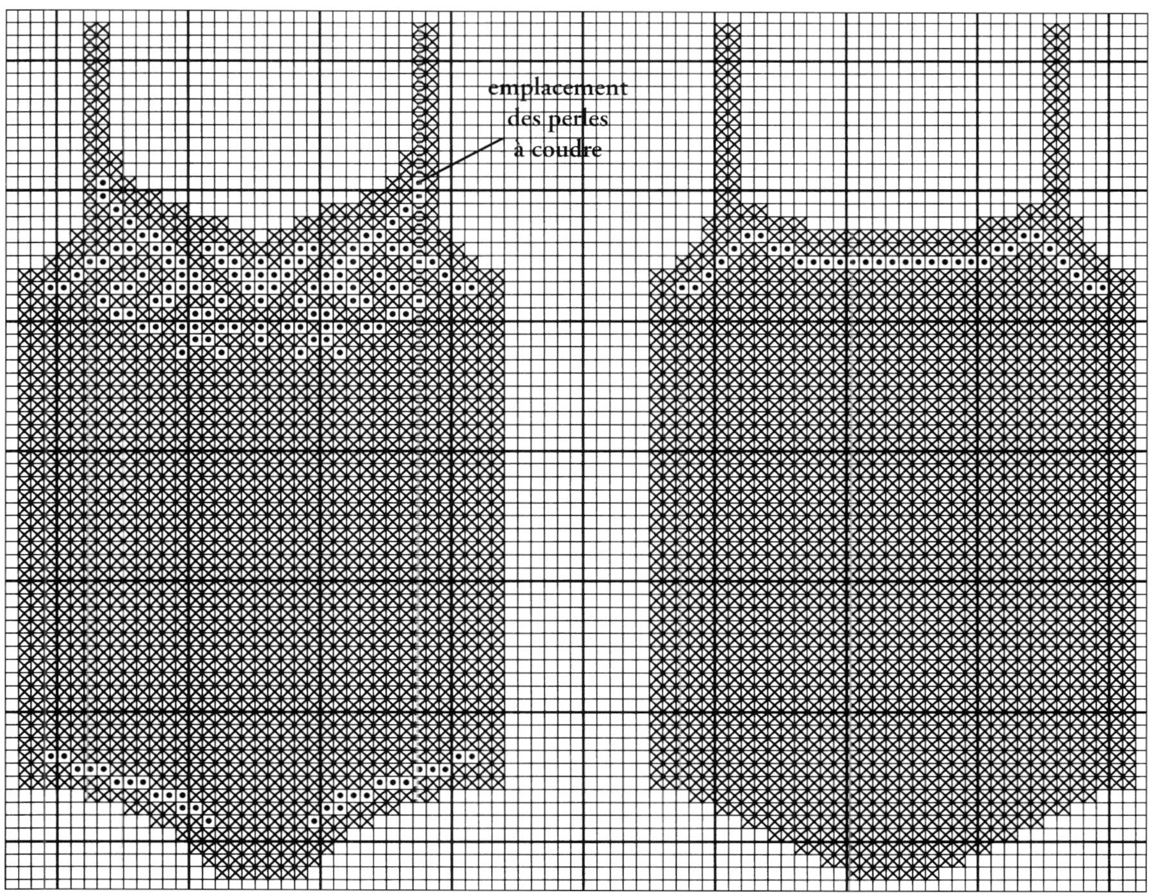


Mouliné
Spécial DMC

× 776

# Lacer ses ballerines

## Un joli sac brodé pour un petit rat de l'Opéra !

## Fournitures

***• Toile de lin blanche (12 fils/cm) :***
***43 x 30 cm, marges de 1 cm comprises.***
***• Une échevette de Mouliné Spécial DMC dans les coloris suivants :***
***rose 776, 899, 335, 326, beige 842.***
***• Tissu de coton vichy rose pour la doublure (43 x 30 cm),***
***le revers (43 x 9 cm),***
***le passant (4 x 9 cm),***
***la lanière (7 x 24 cm), marges de 1 cm comprises.***

Mouliné Spécial DMC

× 776
◆ 335
◣ 842
= 899
ı 326
pt de piqûre, voir diagramme

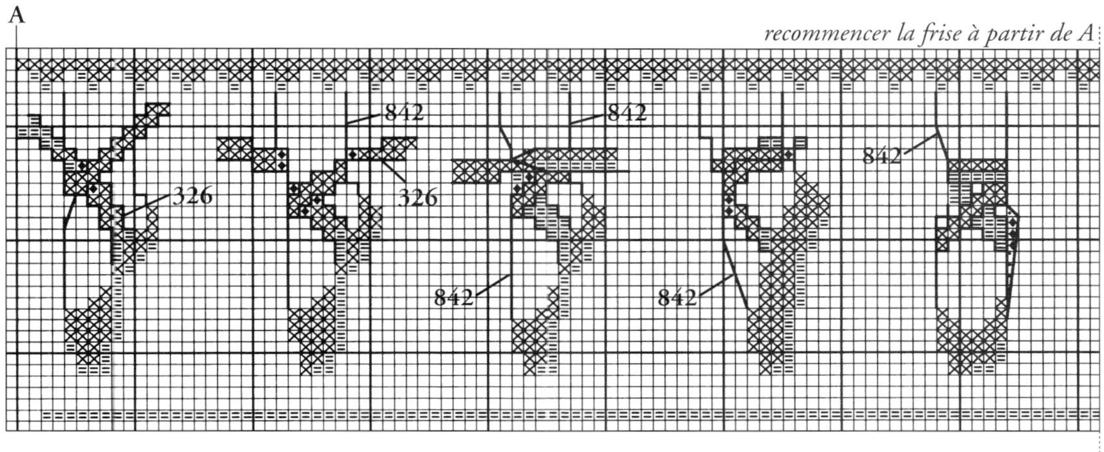


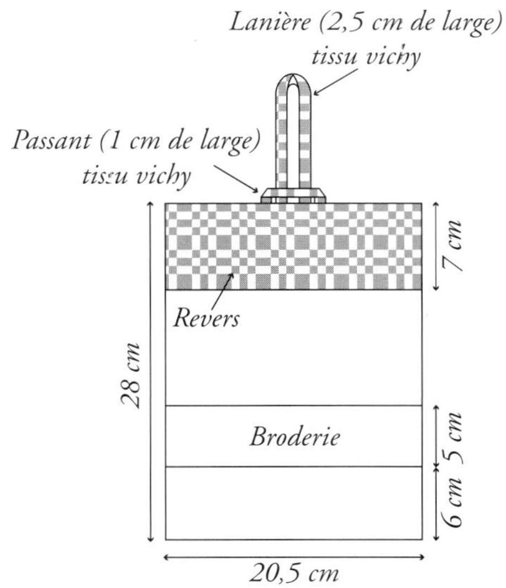

*Dimensions du sac fini*

## Réalisation

Surfiler les quatre côtés de la toile de lin. Repérer par un fil de couleur l'emplacement de la frise (à 7 cm du bas). Centrer le motif en suivant les indications du diagramme. Broder au point de croix avec 2 brins de Mouliné sur 2 fils de trame. Pour le point de piqûre, utiliser 1 brin de Mouliné. La broderie terminée, repasser bien soigneusement sur l'envers.

Coudre le côté et le fond du sac en lin et de sa doublure en vichy. Former le passant et la lanière en les pliant en deux. Les faufiler en haut de la doublure du sac en les centrant au milieu des côtés. Le passant doit être écarté de 5 cm pour permettre à la lanière de fermer le sac (voir le schéma). Coudre le revers en prenant le passant et la lanière entre les deux épaisseurs (sac en vichy et revers). Glisser la doublure dans le sac de lin, rabattre le revers sur l'endroit et piquer au ras du bord. Repasser soigneusement.

# Quelques pointes sur un gilet

## Fournitures

- **Un gilet de velours blanc (taille 2 ans).**
- **Tire-fil (6 croix /cm) 8 x 12 cm.**
- **Une échevette de Mouliné Spécial DMC dans les coloris suivants : bleu 3325, 322, vert 966, Blanc, rose 353, 352, gris 318.**

Mouliné Spécial DMC

· Blanc
★ 352
/ 353
– 318
✕ 3325
▲ 966
◢ 322

pt de piqûre, voir diagramme

*Une danseuse sur un gilet de velours blanc enchantera une petite ballerine en herbe.*

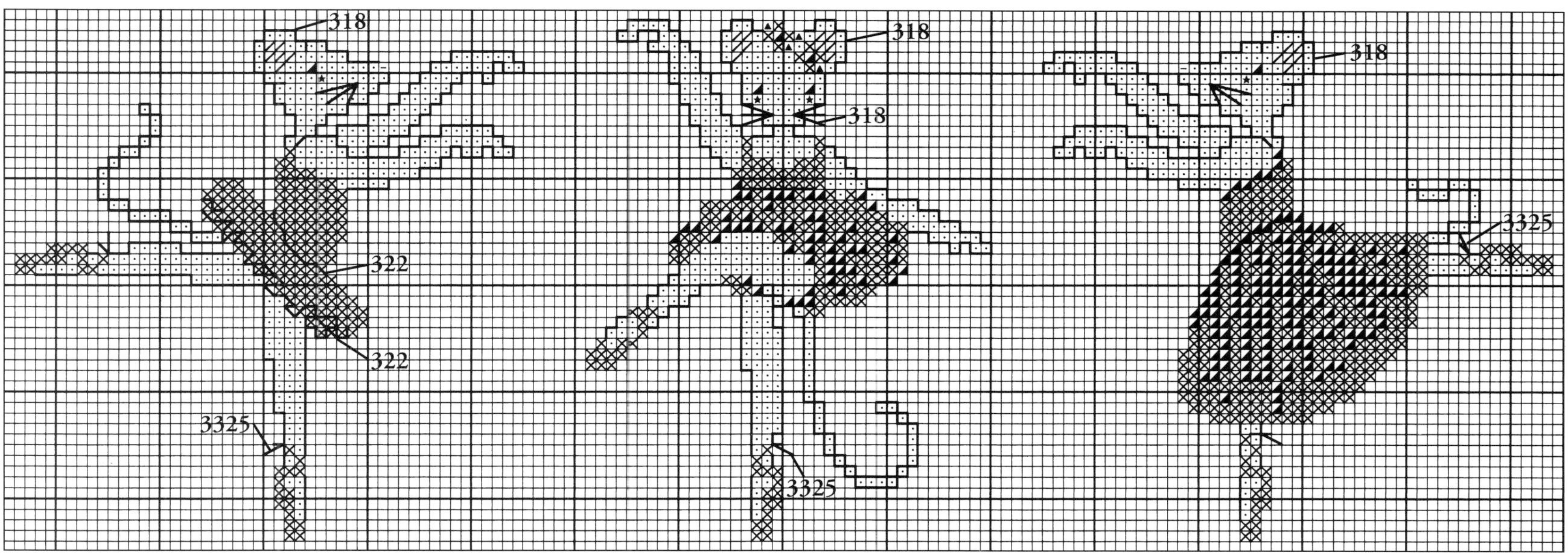


## Réalisation

Repérer l'emplacement de la broderie avec un fil de couleur. Coudre soigneusement le tire-fil à petits points, bien à plat. Broder en prenant toutes les épaisseurs ensemble, avec une aiguille pointue. Pour le point de croix, utiliser 2 brins de Mouliné sur 2 fils de la trame du tire-fil. Le point de piqûre se brode avec 1 brin de Mouliné. Broder le motif en suivant les indications du diagramme. La broderie terminée, ôter le tire-fil puis repasser soigneusement l'ouvrage sur l'envers.

la danse

# La danse

*Une petite souris blanche présente les cinq positions de la danse et conclut sur un grand écart.*

## Fournitures

**• Toile de lin blanche (12 fils/cm) : 47,5 x 34 cm.**

**Version bleue :**

**• Une échevette de Mouliné Spécial DMC dans les coloris suivants : rose 352, 353, vert 368, 966, bleu 322, gris 318, Blanc.**

**• Deux échevettes de Mouliné Spécial DMC bleu 3325.**

**Version rose :**

**• Une échevette de Mouliné Spécial DMC dans les coloris suivants : rose 352, 353, 899, vert 966, bleu 3325, 322, gris 318, Blanc.**

**• Deux échevettes de Mouliné Spécial DMC rose 776.**

## Réalisation

Surfiler tous les côtés de la toile. Repérer le milieu en la pliant en quatre. Broder au point de croix avec 2 brins de Mouliné sur 2 fils de trame. Pour le point de piqûre, utiliser 1 brin de Mouliné. Centrer la broderie en suivant les indications du diagramme. La broderie terminée, repasser soigneusement sur l'envers. Deux versions vous sont proposées ici, rose ou bleue (voir Fournitures).

raccord
318
322
318
318
3325
raccord

*raccord*

*raccord*

## Version bleue

Mouliné
Spécial DMC

- · Blanc
- ✕ 3325
- ★ 352
- / 353
- – 318
- ☆ 368
- ▲ 966
- ◢ 322 pour les yeux
- = 322

pt de piqûre
et pt de nœud
(sur le museau),
voir diagramme

## Version rose

Mouliné
Spécial DMC

- · Blanc
- ✕ 776
- ★ 352
- / 353
- – 318
- ☆ 3325
- ▲ 966
- ◢ 322 pour les yeux
- = 899

pt de piqûre
et pt de nœud
(sur le museau),
voir diagramme

# Mireille

## Fournitures

**Mireille :**
- **Toile de lin blanche (12 fils/cm) : 50 x 35 cm.**
- **Liens de lin blanc de 27 cm pour la queue de la souris.**
- **Fibre synthétique pour la garniture.**
- **Une échevette de Mouliné Spécial DMC dans les coloris suivants : bleu 809, Blanc, noir 310, gris 413 pour les yeux et 414 pour les moustaches.**

**Vêtements de Mireille :**
- **Petits coupons de tissus ; noir pour le corsage, tissu provençal bleu et blanc pour la jupe, carré de dentelle 20 x 20 cm environ, 10 cm de ruban de velours bleu marine et un petit morceau de tissu blanc pour la coiffe.**
- **Fil de laiton doré, perles bleues et dorées pour la croix et les boucles d'oreilles.**

*Sous un olivier, à l'heure où les cigales chantent,*
*Mireille s'abandonne*
*au doux parfum de la lavande.*

## Réalisation

**Mireille :**

Marquer, au crayon à patron, les différentes pièces du patron de la souris ; ajouter 1 cm pour les coutures. Broder le corps, dos et devant, au point de croix et de demi-point de croix avec 2 brins de Mouliné sur 2 fils de trame. La broderie terminée, repasser soigneusement sur l'envers. Couper les pièces en suivant le patron. Commencer par assembler la tête (les deux côtés et le dessus), puis la garnir de fibre synthétique. Fixer les oreilles, les fermer et les coudre sur les côtés de la tête. Former les bras et les jambes, les garnir et tasser la fibre. Bâtir, sur le dos, les membres de la souris en les tournant vers l'intérieur et en respectant les emplacements non brodés. Poser le devant sur le dos, endroit contre endroit, en prenant les bras et les jambes entre les deux. Coudre tout autour en laissant une ouverture pour le cou. Retourner sur l'endroit, tasser la fibre à l'intérieur. Glisser la tête dans l'ouverture et la coudre à petits points serrés et solides. Attacher fortement la queue. Broder les yeux, le bout du museau et fixer les moustaches. Pour faire tenir ces dernières, les enduire de colle pour tissu ou bien d'eau sucrée. Mireille est prête à revêtir ses habits !

***Les vêtements de Mireille :***

Comme pour le modèle de la souris, ajouter 1 cm à tous les patrons des vêtements pour les coutures.

***Le corsage :***

Couper le tissu noir en suivant le patron. Faire la couture des manches et des côtés. Réaliser un ourlet au bas des manches, sur les devants et l'encolure du corsage.

***La jupe :***

Fermer la couture du dos en laissant une ouverture de 5 cm, faire un ourlet dans le bas. Couper une ceinture (la taille plus 1 cm pour la fermeture). Froncer la jupe et la coudre sur la ceinture. Fixer une petite pression sur l'ouverture. Terminer en surfilant les coutures, puis repasser.

***La coiffe :***

Garnir de fibre ou de coton un petit morceau de tissu blanc, le coudre au sommet de la tête, puis l'entourer à l'aide du ruban de velours en laissant dépasser ce dernier à l'arrière d'environ 4 cm.

*Agrandissement d'un motif provençal des sous-vêtements ci-contre*

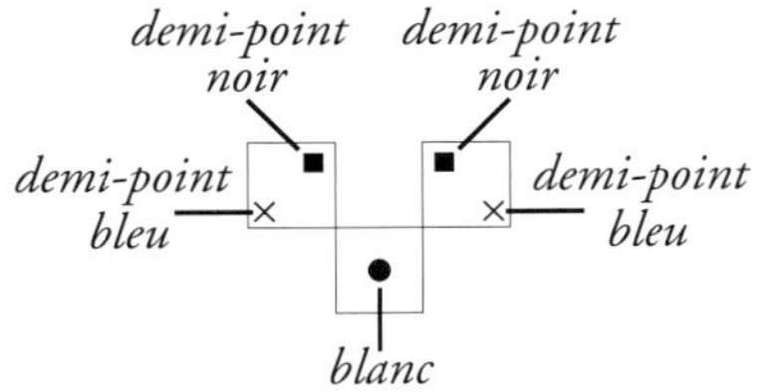

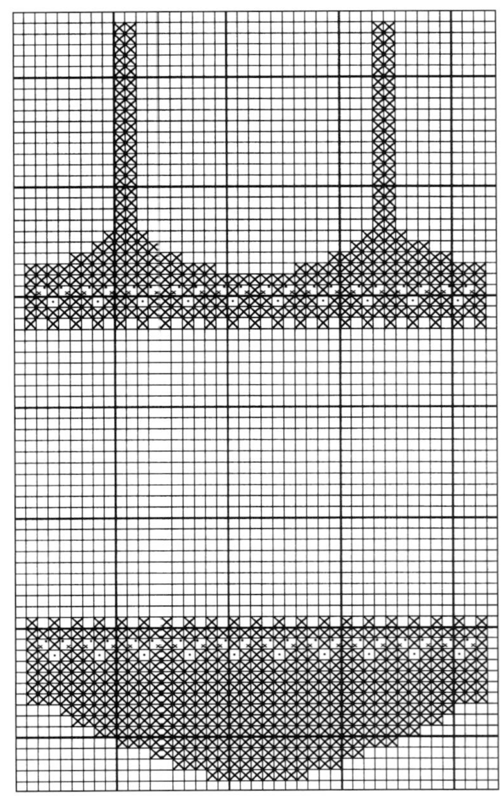

Mouliné
Spécial DMC

× 809
· Blanc
■ 310

## Le patron de Mireille
(Agrandir à 200 %)

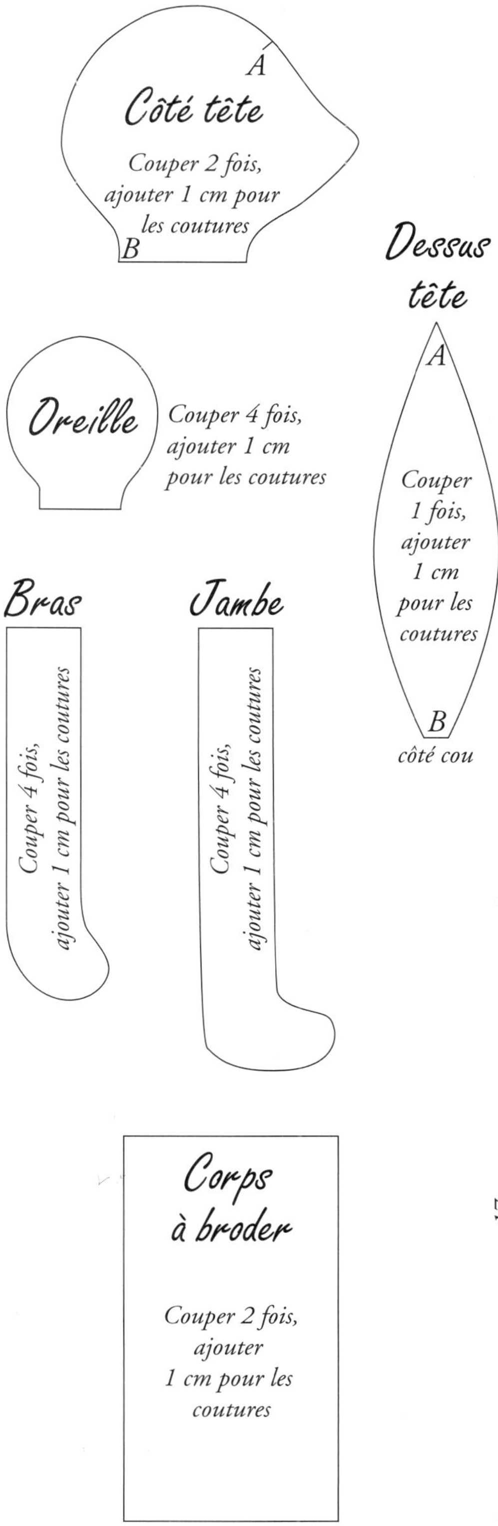


## Les vêtements de Mireille
(Agrandir à 200 %)

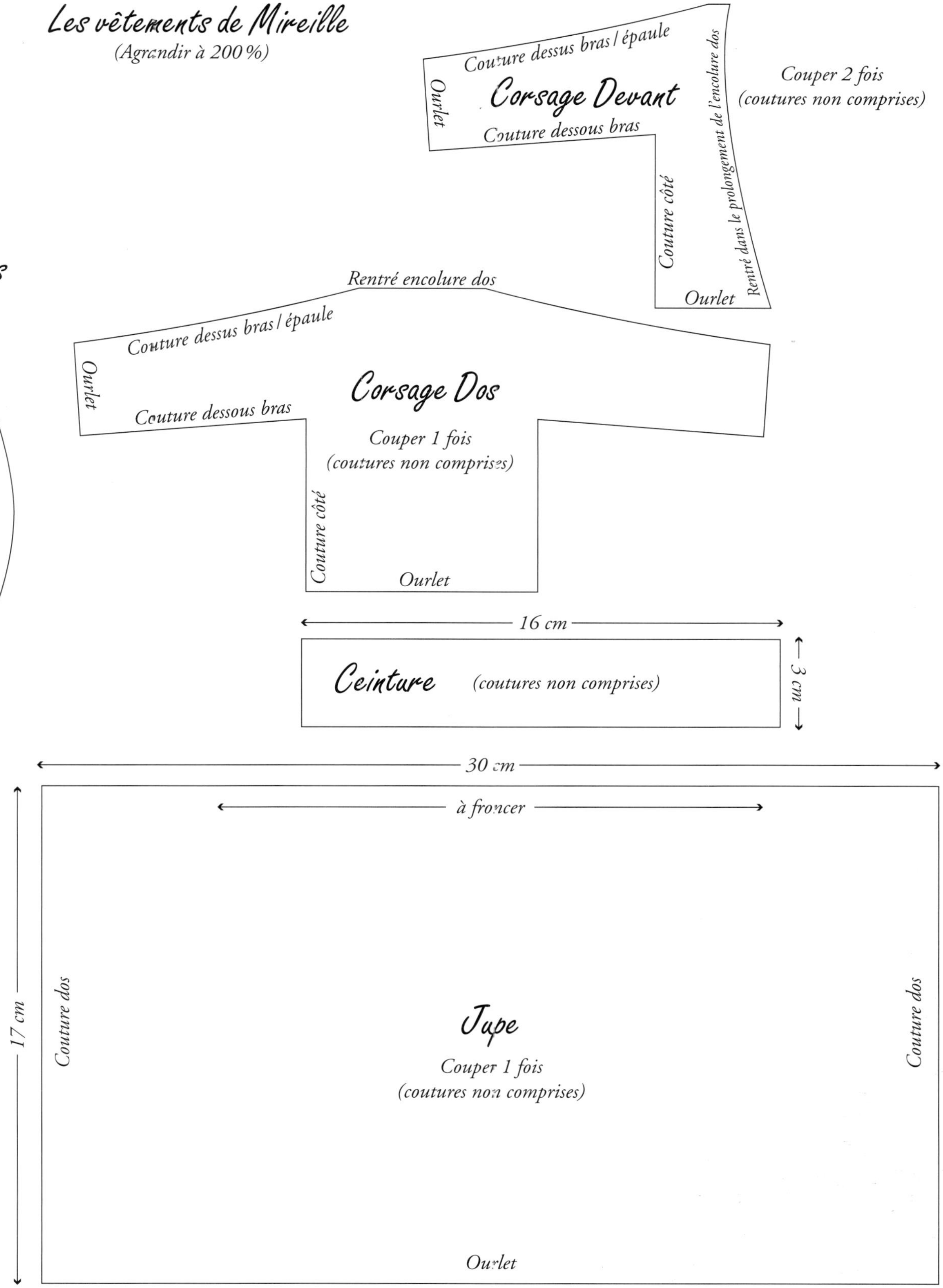

ABCDE
FGHIJK
LMNOP
QRSTU
VWXYZ

# Arles

*Chaque lettre évoque cette ville et ses environs,*
*Fontvieille et son moulin,*
*la Camargue et ses flamants roses...*
*Laissez-vous envahir*
*par le soleil de Provence.*

## Fournitures

**• Toile de lin blanche (12 fils/cm) : 51 x 59 cm (marges de 8 cm).**
**• Une échevette de Mouliné Spécial DMC dans les coloris suivants :**
**bleu 797, 336, 333, 340,**
**lavande 341, 793,**
**vert 988, 986, 503, 501, 320, 368, 500,**
**chair 3770, 3773,**
**rose 351, 352,**
**jaune 3822, 725,**
**brique 920, 918,**
**terre cuite 758, 356, 3779,**
**gris 3743, 928, 3024, 3022, 415, 318,**
**beige 822, 840,**
**marron 434, 437, 801, 781, 783, 869, 831, 3826,**
**ocre 739, 676, 977,**
**Blanc, noir 310.**
**• Quatre échevettes de Mouliné Spécial DMC : jaune 3820.**
**• Trois échevettes de Mouliné Spécial DMC : rouge 349, bleu 799.**

## Réalisation

Surfiler tous les côtés de la toile. Repérer le milieu en la pliant en quatre. Broder au point de croix avec 2 brins de Mouliné sur 2 fils de trame. Pour le point de piqûre et le demi-point de croix, utiliser 1 brin de Mouliné. Centrer la broderie en suivant les indications données sur le diagramme. Quand la broderie est terminée, repasser l'ouvrage soigneusement sur l'envers.

Mouliné
Spécial DMC

| Symbole | DMC | Symbole | DMC |
|---|---|---|---|
| × | 799 | ◉ | 801 |
| ·· | 928 | ∧ | 3770 |
| ▷ | 503 | ÷ | 3773 |
| ▲ | 501 | ◩ | 797 |
| – | 3024 | ⦸ | 3822 |
| ■ | 3022 | // | 822 |
| v | 320 | ⁘ | 758 |
| ★ | 333 | ◀ | 356 |
| ☆ | 340 | ● | 3779 |
| / | 3820 | ● | 341 |
| = | 368 | ⊠ | 793 |
| ▬ | 500 | ♣ | 783 |
| ı | 725 | 0 | 739 |
| • | 781 | ▮ | 437 |
| ▬ | 869 | | |
| ◘ | 831 | | |
| ◆ | 349 | | |
| ⬮ | 351 | | |
| ⬭ | 352 | | |
| · | Blanc | | |
| \ | 3743 | | |
| ◥ | 310 | | |
| ▼ | 318 | | |
| < | 977 | | |
| ⋱ | 3826 | | |
| ⦸ | 920 | | |
| ıı | 988 | | |
| ◢ | 986 | | |
| ♥ | 918 | | |
| ∴ | 336 | | |
| ▽ | 840 | | |
| : | 415 | | |
| ▶ | 676 | | |
| + | 434 | | |

pt de piqûre
et pt de nœud
(pour l'œil
du mouton),
voir diagramme

*raccord*

Mouliné
Spécial DMC

- × 799
- ·· 928
- ▷ 503
- ▲ 501
- – 3024
- ■ 3022
- v 320
- ★ 333
- ☆ 340
- / 3820
- = 368
- ▬ 500
- ı 725
- ● 781
- ▬ 869
- ◘ 831
- ◆ 349
- ⬮ 351
- ⬭ 352
- · Blanc
- \ 3743
- ◥ 310
- ▼ 318
- < 977
- ⋱ 3826
- ⊘ 920
- ıı 988
- ◢ 986
- ♥ 918
- ∴ 336
- ▽ 840
- : 415
- ▶ 676
- + 434
- ⊙ 801
- ^ 3770
- ÷ 3773
- ⧋ 797
- ⦸ 3822
- // 822
- ⋰ 758
- ◀ 356
- ⬯ 3779
- ⬮ 341
- ⊠ 793
- ♣ 783
- 0 739
- ▮ 437

pt de piqûre,
voir diagramme

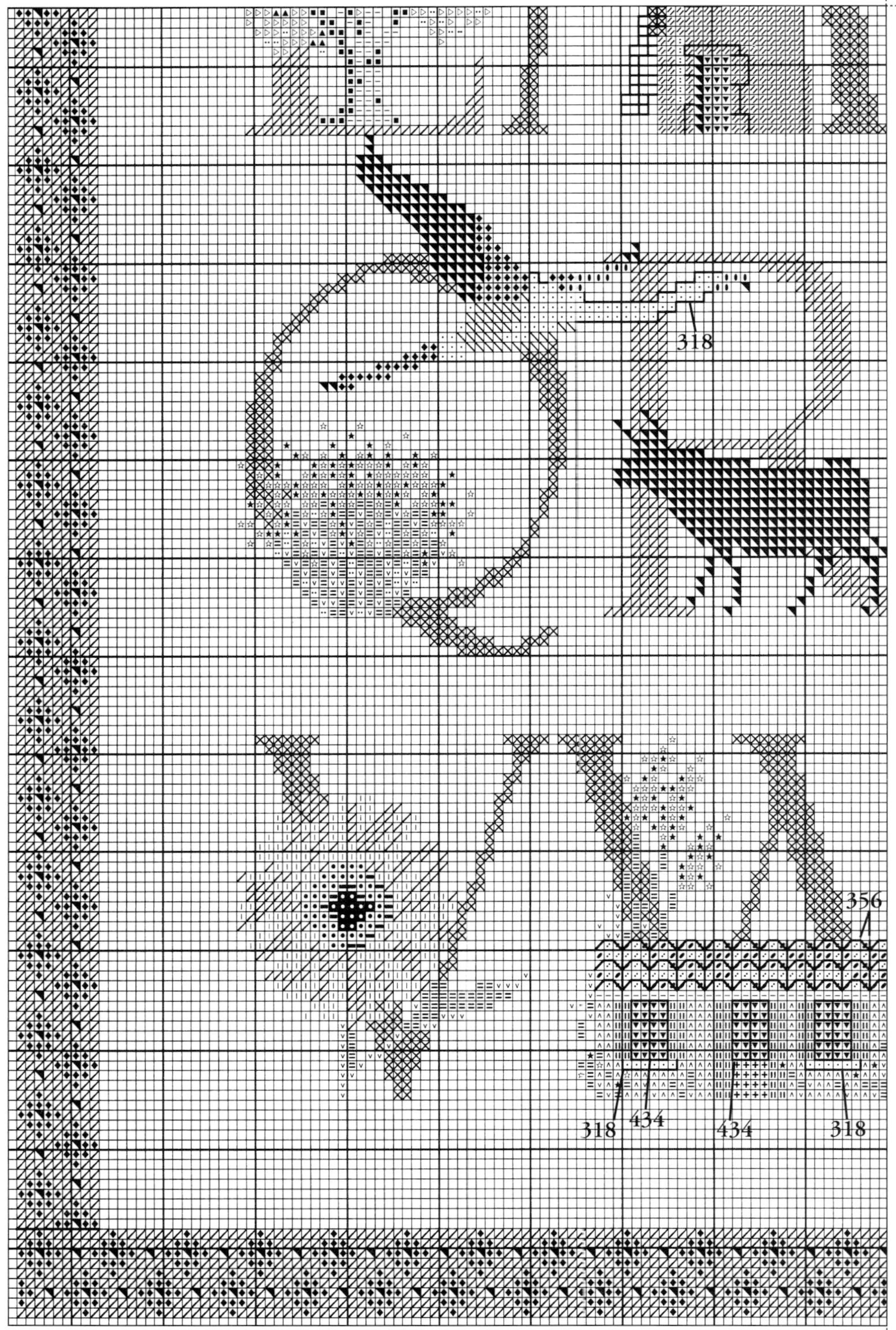


*raccord*

318
318
349
318
501
raccord

LA CAMARGUE
ABCDE
FGHIJKL
MNOPQR
STUVW
XYZ
B

# La Camargue

## Fournitures

- Toile de lin blanche (12 fils/cm) : 41,5 x 43 cm.
- Une échevette de Mouliné Spécial DMC dans les coloris suivants : rose 349, 351, vert 503, 501, bleu 799, marron 869, 840, 839, 434, gris 318, 415, 3743, beige 822, Blanc, noir 310.

*Un vol de flamants roses et un troupeau de taureaux nous emmènent en Camargue, domaine des gardians.*

## Réalisation

Surfiler tous les côtés de la toile. Repérer le milieu en la pliant en quatre. Broder au point de croix avec 2 brins de Mouliné sur 2 fils de trame. Pour le point de piqûre, utiliser 1 brin de Mouliné. Centrer la broderie en suivant les indications du diagramme. Une fois la broderie terminée, repasser soigneusement l'ouvrage sur l'envers.

Mouliné
Spécial DMC

| | | | |
|---|---|---|---|
| + | 799 | × | 349 |
| ı | 503 | ⬮ | 351 |
| ▲ | 501 | · | Blanc |
| ▬ | 869 | ╲ | 3743 |

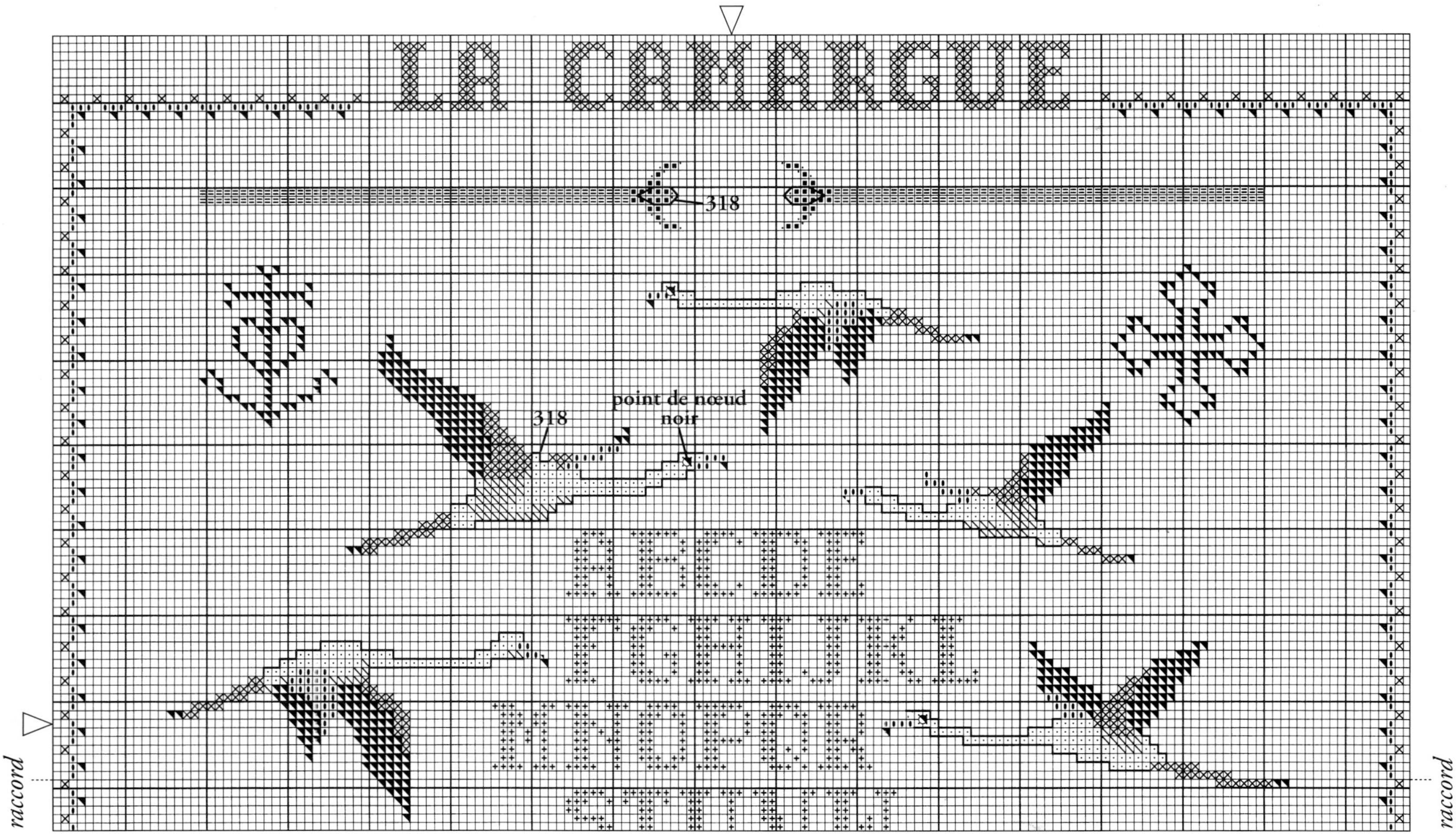

| | | |
|---|---|---|
| ◥ 310 | = 434 | |
| ▽ 840 | ★ 822 | |
| • 839 | pt de piqûre et pt de nœud (pour les yeux des flamants), voir diagramme | |
| ■ 415 | | |

Les Arlésiennes

# Les Arlésiennes

## Fournitures

• Toile de lin blanche (12 fils/cm) : 30,5 x 33 cm (marges de 8 cm).
• Une échevette de Mouliné Spécial DMC dans les coloris suivants :
bleu 799, 800, 797,
lavande 341, 793,
vert 988, 986, 320, 368,
chair 3770,
rose 351, 352, 353,
jaune 3820, 3822, 725,
rouge 349,
brique 920, 918,
terre cuite 356,
ocre 783,
Blanc, noir 310.

Brodez cette farandole d'Arlésiennes
parées de jupes
aux couleurs ensoleillées.

## Réalisation

Surfiler tous les côtés de la toile. Repérer le milieu en la pliant en quatre. Broder au point de croix avec 2 brins de Mouliné sur 2 fils de trame. Pour le point de piqûre et le demi-point de croix, utiliser 1 brin de Mouliné. Centrer la broderie en suivant les indications du diagramme. La broderie terminée, repasser soigneusement l'ouvrage sur l'envers.

Mouliné
Spécial DMC

✕ 799
▼ 320
+ 3820
▽ 368
= 725
◆ 349
⬮ 351
⬭ 352
· Blanc
◣ 310
⬮ 920
☆ 988
★ 986
▬ 918
∧ 3770
▮ 797
/ 3822
ı 356
> 353
• 341
ıı 793
■ 783
– 800

pt de piqûre,
voir
diagramme

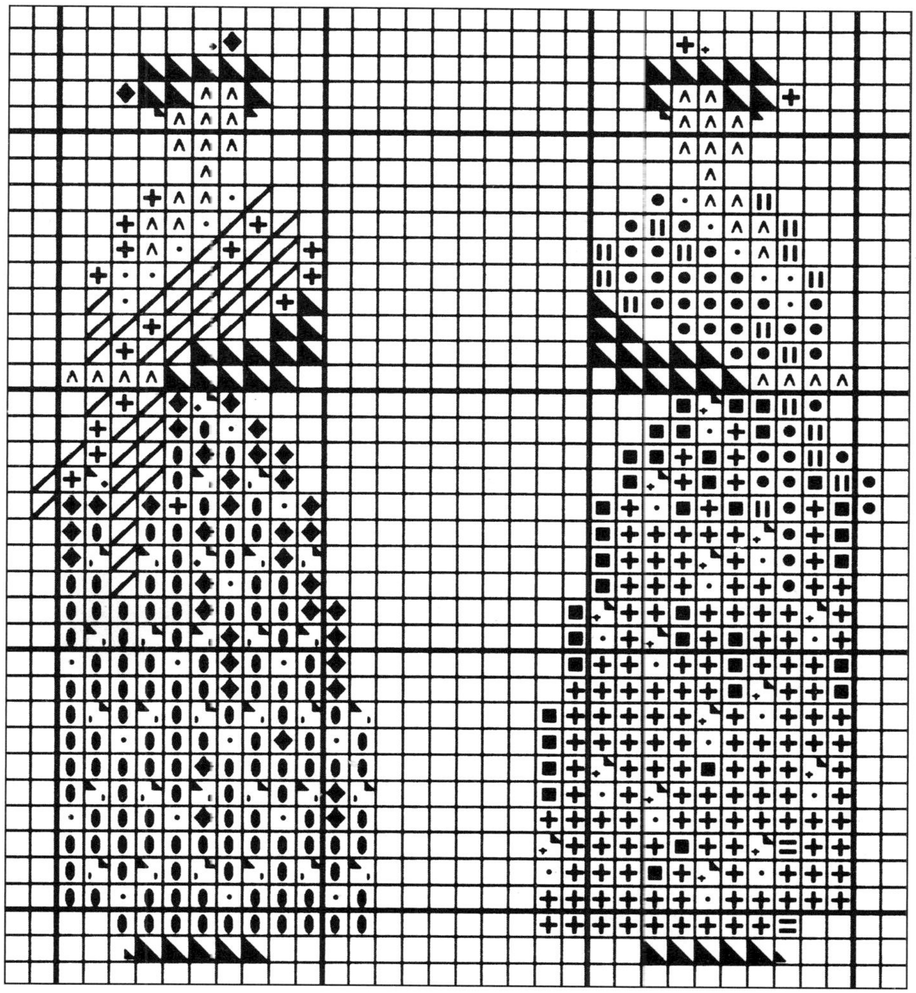

*Détail de deux Arlésiennes*

A L'OLIVIER
Médailles d'Or et d'Argent 1867, 1882
MARQUE DÉPOSÉE
Huile d'Olives Vierge Extra
Obtenue par première pression à froid
"Mère Goutte"
0,50 L

# Une branche d'olivier

## Fournitures

- **Un sac de toile écrue avec une bande de toile à broder (7 croix/cm).**
- **Une échevette de Mouliné Spécial DMC dans les coloris suivants : bleu 322, 312, vert 3817, 3816, 3815, Blanc.**

Mouliné Spécial DMC

+ 322
■ 312
/ 3817
× 3816
◢ 3815
· Blanc

pt de piqûre, voir diagramme

*Retour d'un marché de Provence : une branche d'olivier serpente sur un simple sac écru.*

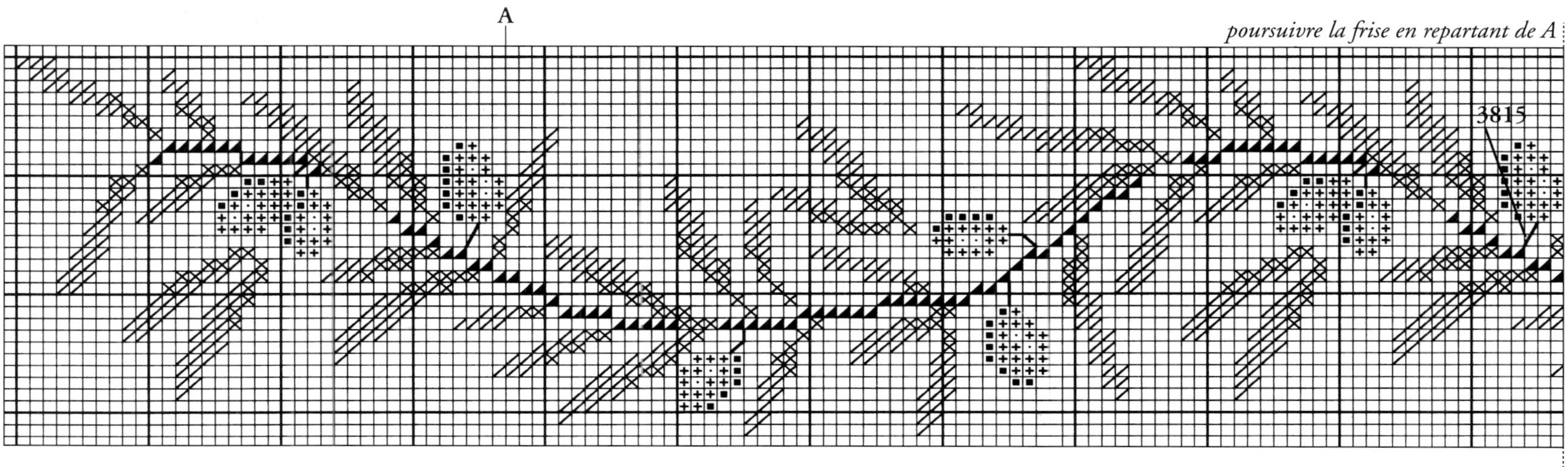


## Réalisation

Repérer d'abord l'emplacement de la frise en marquant le milieu de la bande à broder. Centrer le motif en suivant les repères du diagramme. Broder ensuite au point de croix et au point de piqûre avec 2 brins de Mouliné sur un carré de la toile. La broderie terminée, repasser soigneusement l'ouvrage sur l'envers. Cette frise ornera à merveille ce petit sac.

# Conseils techniques

*Préparer un ouvrage est un plaisir*
*qui saisit chaque brodeuse au moment où il lui faut choisir*
*un modèle, des fils, sélectionner un tissu ou fabriquer un nuancier.*
*Puis vient le moment de rassembler toutes ces fournitures et de*
*les ranger soigneusement dans un panier ou dans un sac.*
*Autant de petits plaisirs intimement liés à la broderie.*
*Les pages qui suivent se proposent de parcourir le monde des*
*supports, des fils, de tout ce qui est nécessaire*
*pour broder. Ces explications permettront à chacune*
*de s'approprier les modèles proposés,*
*en changeant soit le tissu,*
*soit le type de fil ou tout autre élément.*

# Les toiles et autres supports

Il est possible de réaliser le point de croix sur toutes sortes de tissus, mais il est préférable que ceux-ci aient une trame bien visible, dont on puisse compter les fils. Pour broder un point de croix parfaitement régulier, la toile doit compter, par centimètre carré, le même nombre de fils de trame (dans le sens de la largeur) que de fils de chaîne (sens de la longueur). Le tissage doit également être peu serré de façon à pouvoir compter les fils, donc les points.

***Les toiles de base***

• La toile la plus répandue et la plus simple à utiliser est la toile Aïda. C'est une toile nattée dont le tissage forme des carrés réguliers délimités, à chaque angle, par des trous dans lesquels on pique l'aiguille pour former le point de croix. Chaque carré permet de broder une croix. Cette toile est disponible en différentes grosseurs, à savoir qu'elle compte de 3 à 7 carrés par centimètre, en plusieurs largeurs et en divers coloris. La plus courante compte 5 1/2 carrés par centimètre. Celle qui comporte 3 ou 4 carrés au centimètre est plutôt recommandée pour les travaux des jeunes enfants et ceux des débutants.

• Les toiles unifil sont des étamines à tissage régulier dans lequel les fils de trame et les fils de chaîne s'entrecroisent un à un. Elles existent en différentes qualités composées de matières naturelles ou synthétiques, parfois d'un mélange des deux. Les plus épaisses comptent 3 fils par centimètre et les plus fines, 12 à 14. Plus le nombre de fils est élevé, plus le tissu est fin et plus la broderie sera délicate. Le point de croix s'effectue sur 1, 2 ou 3 fils de trame et de chaîne, selon la finesse du point recherché et la grosseur du fil utilisé. En général, le point de croix se travaille sur 2 fils de tissu — on dit sur " 2 fils de trame ". Dans cette catégorie, on trouve tout particulièrement les toiles de lin, généralement très fines, parfois un peu difficiles à travailler, mais qui donnent à la broderie une délicatesse et une finesse incomparables. Les coloris de base restent le blanc, l'écru, le bis ou naturel ; on trouve également de nombreuses couleurs comme des bruns, des beiges, des bleus, etc. Les toiles de coton et de coton mélangé appartiennent à cette catégorie, comme la Lugana, très agréable à travailler, et qui compte 10 fils par centimètre.

• Enfin, il existe une toile qui permet de broder sur n'importe quel tissu et qui se nomme "tire-fil". C'est un canevas provisoire que l'on coud sur le tissu ou le vêtement choisi, et par-dessus lequel on brode en prenant les deux épaisseurs (tissu + tire-fil) dans les points de croix. La broderie terminée, on enlève ce canevas en tirant soigneusement les fils les uns après les autres. Il est parfois nécessaire de se servir d'une pince à épiler pour ôter plus facilement les fils.

***Les toiles fantaisie***

Les magasins spécialisés en proposent une gamme riche en constant renouvellement. Sans cesse, les professionnels proposent de nouveaux supports, dont certaines parties sont conçues pour le point de croix. On peut, par exemple, trouver des toiles à torchon et à serviette, ou des damassés dont certains carrés sont à broder. Chaque brodeur a ses propres adresses et fait ses trouvailles, il suffit de savoir ouvrir l'œil !

#### *Les galons*

Ce sont des bandes de toiles à broder qui existent en différentes trames, Aïda ou unifil ; en différents matériaux, lin, coton ou coton mélangé ; en de nombreux coloris et en largeurs variées, avec des finitions de bordure de plus en plus élaborées et raffinées.

#### *Les supports " prêts à broder "*

Devant l'engouement pour le point de croix, le nombre d'objets confectionnés, dont une partie est prévue pour le point de croix, s'enrichit sans cesse. Le choix est particulièrement étendu dans le linge de maison : torchons en lin, en métis, en coton, gants de cuisine, dessus de pot de confiture, tabliers de cuisine, plaids, serviettes de toilette, sacs et pochettes en tout genre... Les collections pour bébés en comptent un très grand nombre : bavoirs, cache-biberons, porte-couches, sorties de bain, trousses de toilette, etc. Dans tous les domaines, on peut trouver de quoi mettre en valeur ses ouvrages : du porte-clés aux petits aimants, tout est possible. Ce qui doit guider votre choix, c'est la qualité. Une broderie — par le soin qu'elle exige, l'amour et le temps qu'elle représente — mérite un beau support, simple mais durable et solide.

## Les fils

Le choix du fil et la composition de la palette sont des moments très agréables. Choisissez en priorité les coloris qui vous plaisent en cherchant à les marier le plus harmonieusement possible. S'il n'existe pas de règles strictes, il y a quand même quelques pistes à suivre qui sont celles que l'on trouve dans les traités sur la couleur. La Société DMC offre aux brodeuses un large éventail de fils, que ce soit par leurs qualités : fin ou épais, mat ou brillant, ou par leurs couleurs. Il faut choisir le fil le mieux adapté au motif, à la toile et au goût de chacun. Le plus utilisé pour le point de croix est sans aucun doute le *Mouliné Spécial DMC*. C'est un fil de coton d'aspect brillant, composé de 6 brins légèrement torsadés et facilement séparables. Il permet, en dissociant les brins, de trouver la grosseur de fil idéale pour chaque toile. Le plus souvent, on utilise 2 brins. Il se présente sous la forme d'échevettes de 8 mètres dont la gamme compte aujourd'hui 428 coloris très attractifs. Le *Broder Spécial DMC* est un fil de coton composé de 4 brins non divisibles et disponible dans des grosseurs et couleurs variées. Il s'adapte à de nombreuses toiles ; il est recommandé pour réaliser des motifs fins et des points délicats. Le *Coton Perlé DMC*, particulièrement solide, est un fil de coton composé de 2 brins torsadés lui assurant un aspect “perlé”. Il est disponible en 3 grosseurs : n° 3, n° 5 et n° 8 (le n° 3 est le plus épais, le n° 5 le plus courant) et 312 couleurs. Le *Mouliné métallisé DMC*, utilisé par petites touches, éclairera une broderie toute simple. Il apportera brillance et relief à vos ouvrages ; ce Mouliné existe en or, en argent, et en plusieurs autres coloris tout aussi scintillants.

## Les accessoires

### Les aiguilles

Les aiguilles à broder ont un chas large ; elles sont assez courtes et ont un bout pointu ou rond selon la toile sur laquelle on travaille. Pour broder à points comptés, on utilise une aiguille à bout rond de tailles numérotées de 13 à 26. Plus le numéro est élevé, plus l'aiguille est courte et fine. Le choix se fait en fonction de la toile : plus elle est fine, plus le chas de l'aiguille doit être fin, de façon à ne pas marquer le tissu et à glisser entre les fils de la trame sans les accrocher. Mais chaque brodeuse a ses habitudes, il faut trouver la taille la mieux adaptée à sa façon de travailler. Pour ma part, j'aime les aiguilles très fines (n° 26) permettant de broder sur le lin avec 2 brins de *Mouliné Spécial* ou de *Coton Perlé*. Pour broder avec le tire-fil, donc sur une toile à tissage serré, prendre une aiguille à broder à bout pointu, disponible dans les tailles allant de 1 à 10, qui puisse traverser sans difficulté le tissu. Il peut être nécessaire de prendre un dé. L'aiguille doit toujours être bien lisse pour ne pas endommager l'ouvrage, il ne faut pas hésiter à en changer (certaines personnes oxydent assez vite leur aiguille).

### Les tambours à broder

Indispensable, le tambour se compose de deux cercles de bois s'emboîtant l'un dans l'autre. Sur le cercle extérieur, une vis réglable permet d'adapter le tambour aux différentes épaisseurs de tissu. Sur la toile tendue, les points de croix sont réguliers grâce à une tension constante du fil. Leurs diamètres sont variés et il est utile d'en posséder plusieurs, de façon à adapter leur taille à l'ouvrage et avoir à le déplacer le moins souvent possible. Pour commencer, un diamètre de 15 cm environ est une bonne moyenne. Certains tambours de plus grande taille se fixent sur une table ou sur un pied, d'autres se maintiennent sous le genou. Leur utilisation permet d'avoir les mains libres pour broder, l'une sur l'ouvrage, l'autre restant dessous.

### Les ciseaux

Deux paires de ciseaux sont nécessaires : des ciseaux de couture pour tailler la toile, et des ciseaux à broder, d'environ 12 cm de long, à bouts pointus et bien aiguisés pour couper les fils. Ils doivent être réservés à ce seul usage, car la pointe et les lames risqueraient de s'émousser. Certaines brodeuses y passent un ruban afin de les porter autour du cou pendant le travail, ce qui évite de les chercher à chaque instant. Il en existe de ravissants, décorés avec fantaisie, dorés ou argent. C'est un cadeau idéal à offrir à une brodeuse, qu'elle soit débutante ou confirmée.

#### *Autres accessoires utiles*

• Un mètre-ruban, bien sûr, pour pouvoir mesurer avec précision.

• Une bonne lampe de lecture ou de couture, indispensable pour travailler le soir. Il est en effet nécessaire d'être bien éclairé pour compter les fils du tissu, ainsi que pour sélectionner les coloris des fils à broder.

• Le tableau magnétique rend également de nombreux services ; on y fixe, à l'aide d'aimants, le diagramme sur lequel on peut ajouter une règle-loupe aimantée qui en facilite la lecture.

• Une loupe à broder est parfois nécessaire pour des ouvrages réalisés sur des toiles très fines. Il en existe en mercerie de toutes sortes : certaines sont munies d'un éclairage ; d'autres, plus simples, se portent en sautoir autour du cou.

• Enfin, prévoyez de ranger l'ouvrage en cours de travail à l'abri de la poussière. Munissez-vous pour cela d'un sac, d'une petite valise en osier ou de toute autre boîte pratique à transporter. Choisissez-la assez grande de façon à pouvoir y placer tous les accessoires, y compris, si besoin est, votre tableau magnétique.

## Comment utiliser efficacement les diagrammes

Les ouvrages présentés dans ce livre sont des broderies dites “ à points comptés ”, ce qui signifie que le dessin est donné sur une grille (ou diagramme), sur laquelle chaque carré représente un point de croix à broder sur la toile. Un carré sur la grille correspond à un point de croix effectué par-dessus un bloc de fils (toile Aïda), au croisement d'un fil de trame et d'un fil de chaîne (toile unifil). Chaque couleur est représentée sur la grille par un symbole noir. Un carré vide correspond donc à un carré non brodé. La signification des symboles accompagne toujours le diagramme sous la forme d'une légende. Les photographies des ouvrages dont les coloris sont proches de la réalité aident souvent à la réalisation de la broderie. Lorsque la grille s'étend sur plusieurs pages, la lisibilité peut être difficile ; il faut alors faire des photocopies et les assembler en se servant des lignes de raccord. De la même façon, si la grille paraît trop petite, n'hésitez pas à l'agrandir à la photocopieuse ou utilisez une règle grossissante. Sur chaque diagramme, les milieux sont indiqués par des flèches ; ces repères sont indispensables pour bien centrer la broderie sur la toile. Sur les diagrammes, on peut également remarquer des traits plus épais qui se superposent au quadrillage : c'est le point de piqûre qui sert à cerner, à mettre en valeur un motif. La couleur à utiliser est indiquée sur la grille elle-même. Ce point s'exécute toujours à la fin, quand la partie au point de croix est brodée.

## La préparation de l'ouvrage

### La toile

Quelle que soit la toile choisie, pour la couper aux dimensions voulues, utiliser des ciseaux de couture et suivre le droit-fil sur les quatre côtés. Une marge d'au moins 8 cm autour de la broderie est indispensable pour faciliter l'encadrement. Afin d'empêcher que le tissu ne s'effiloche, il est préférable de surfiler les côtés — à la machine ou à la main. Enfin, il est nécessaire de marquer le centre du tissu et de le faire coïncider avec le centre du diagramme indiqué par des flèches. La méthode la plus simple consiste à plier le tissu en quatre ; puis, avec un fil de couleur, à faufiler une ligne verticale et une ligne horizontale en suivant les plis. L'intersection des deux fils de couleur correspond à celle des deux flèches du diagramme. Ce repérage permet de centrer la broderie avec précision. Une fois l'ouvrage terminé, on ôte tous les fils de bâti.

### Les fils

Lorsque l'ouvrage choisi compte un grand nombre de couleurs, il est très utile de les ordonner sur une carte-nuancier — un papier bristol perforé, par exemple. En vous reportant à la photographie de l'ouvrage et aux indications données par la légende du diagramme, repérer les fils à la lumière du jour. Les ranger ensuite, couleur par couleur, en les nouant sur une carte perforée (il en existe de toutes prêtes dans le commerce), puis noter à côté le numéro et le symbole correspondants. Avec ce système, les fils ne s'emmêleront plus ; c'est aussi une manière astucieuse de classer les fils des précédents ouvrages.

## Comment broder

### Le tambour

Pour broder au point de croix, il est vivement conseillé d'utiliser un tambour. Ainsi la toile restera tendue d'une façon régulière pendant le travail. Pour éviter de marquer le tissu, on peut enrouler une bande de papier de soie autour du petit cercle. Pour bien tendre le tissu sur le tambour, poser le petit cercle sur une table, placer la toile dessus, l'endroit vers soi, emboîter le grand cercle et serrer la vis sans la bloquer. Ensuite, retourner le tambour et tirer légèrement sur le tissu en prenant soin de ne pas le déformer, tout en maintenant le petit cercle ; serrer la vis. Lorsque l'on interrompt son travail, il est préférable de desserrer la vis.

## La manipulation des fils

Il est important de manipuler les fils avec soin pour ne pas leur ôter leur lustre. L'aiguillée ne doit pas mesurer plus de 45 cm environ. Si elle est trop longue, le fil s'entortille, s'effiloche et perd de son brillant. Si pendant le travail, le fil se vrille, lâcher l'aiguille et laisser pendre le fil jusqu'à ce qu'il s'arrête de tourner. Le plus souvent, le fil préconisé pour le point de croix est le *Mouliné Spécial DMC* composé de 6 brins. Pour chaque ouvrage, le nombre de brins à utiliser est indiqué dans les explications. Les 6 brins du Mouliné doivent être séparés un à un. On réunira ensuite autant de brins que nécessaire. Pour séparer les brins, tenir le fil préalablement coupé et tirer doucement un brin après l'autre. De cette façon, le point sera régulier. Pour enfiler l'aiguille, entourer le chas avec le fil tenu fermement, faire glisser l'aiguille hors de la boucle formée par le fil et introduire celle-ci dans le chas. L'enfile-aiguille peut apporter une aide précieuse : insérer l'embout métallique dans le chas de l'aiguille, y engager le fil choisi et tirer le tout à travers le chas.

***Début et fin d'une aiguillée***

Dans la broderie au point de croix, on ne fait de nœud ni au début ni à la fin d'une aiguillée ; ils risqueraient d'apparaître en relief au repassage. Deux techniques permettent de s'en passer au début. La première consiste à faire sortir l'aiguille et le fil sur l'endroit du tissu, en ayant soin de laisser 2 à 3 cm au dos de l'ouvrage. Plaquer le bout du fil contre la toile et broder les premiers points de croix (4 ou 5) par-dessus celui-ci, de façon à l'emprisonner. Pour maintenir le fil de l'aiguillée suivante, le glisser simplement sous les quelques points réalisés précédemment, toujours sur l'envers du tissu. L'autre méthode ne peut être appliquée que si l'on travaille avec un nombre pair de brins. Couper un brin de 80 à 90 cm environ, le plier en deux, enfiler les deux extrémités dans le chas de l'aiguille — on obtient une boucle à l'autre bout. Faire ensuite un demi-point de croix de la façon suivante : sortir en 1 et piquer en 2, puis sur l'envers passer l'aiguille dans la boucle ; tirer, le fil est noué sans nœud. Pour arrêter un fil lorsqu'il reste environ 4 ou 5 cm, le glisser sous quelques points au dos de l'ouvrage et le couper au ras du tissu. Sur un ouvrage destiné à être lavé souvent, comme un vêtement, on peut faire un petit point arrière avant de couper le fil. Un conseil : ne pas craindre de couper les fils bien au ras de la toile en fin d'aiguillée ; trop longs, ils pourraient se voir par transparence sur l'endroit.

## Conseils généraux

• Une broderie se commence généralement par le milieu, pour ne pas risquer de manquer de toile en cours de travail. C'est la raison pour laquelle celui-ci est toujours indiqué sur les diagrammes à l'aide de petites flèches ; il est donc nécessaire de marquer ce milieu sur la toile avant de commencer l'ouvrage.

• Il vaut mieux ne pas broder de points trop éloignés les uns des autres avec la même aiguillée. En effet, le fil pourrait se voir par transparence, surtout s'il s'agit de couleurs sombres ou vives derrière une toile claire. Il est préférable d'arrêter le fil et de recommencer au nouvel emplacement. Si l'intervalle est assez court, glisser le fil sur l'envers sous quelques points, sans trop tirer. On dit qu'une broderie réussie est aussi soignée sur l'envers que sur l'endroit !

• Lorsqu'on brode une frise, il est parfois compliqué d'avoir à revenir en arrière pour former les points en deux temps ; on peut alors exécuter un rang de demi-points, de gauche à droite, et ce jusqu'à la fin de l'aiguillée. Puis avec une seconde aiguillée, repartir du début de la rangée et fermer les croix, de gauche à droite également.

• Si l'on choisit une autre toile que celle préconisée, il faut calculer les dimensions nécessaires : compter le nombre de points en largeur et en longueur sur le diagramme, et diviser ces nombres par le nombre de points par centimètre de la toile. Ainsi, un motif de 100 points sur 80 mesurera, une fois brodé sur une toile comptant 5,5 points par cm : 18,2 x 14,5 cm ; sur une toile comptant 7 points par cm : 14,2 x 11,4 cm. Prévoir, en outre, entre 6 et 10 cm de chaque côté pour l'encadrement. En changeant de toile, il faut aussi bien sélectionner la grosseur du fil et de l'aiguille. Faire des essais en sachant que la croix d'un point doit à la fois couvrir la trame du tissu et pouvoir se voir distinctement.

#### Broder avec un tire-fil

Si le tissu a une trame trop serrée pour que l'on puisse compter les fils, comme sur des vêtements, on utilise un canevas auxiliaire appelé « tire-fil ». Toutes les toiles unifil peuvent se transformer en un tel canevas. Commencer par découper un morceau un peu plus grand que le motif à broder et le faufiler bien à plat sur le tissu, à petits points rapprochés, en respectant les droits-fils. Tendre le tout sur un tambour et broder en prenant les deux étoffes dans les points ; attention à ne pas piquer dans les fils du canevas. Une fois la broderie terminée, ôter le bâti, effranger les bords du tire-fil et tirer les fils restants, un à un, à l'aide d'une pince à épiler. Pour broder ainsi, choisir une aiguille à bout pointu. Cette technique peut, au premier abord, paraître quelque peu difficile. Mais ce n'est qu'une apparence, le résultat en vaut vraiment la peine !

## Conseils d'entretien

Si un ouvrage se salit, on peut facilement le laver. C'est le support qui détermine les modalités de lavage, car les coloris des fils DMC sont grand teint et de qualité irréprochable. Attention cependant aux toiles en lin naturel, elles ont tendance à blanchir, en particulier les tons écrus ; il faut donc les laver à la main, avec un détergent doux pour lainage. Humidifier l'ouvrage puis le repasser sur l'envers, à l'aide d'une pattemouille, sur une serviette de toilette ou un molleton de façon à ne pas écraser les points.

*J'espère que toutes ces informations vous aideront dans la personnalisation de votre travail ; en aucun cas elles ne doivent vous empêcher de trouver vos propres astuces, vos propres recettes ; elles ne sont que des réponses parmi d'autres aux questions que nous sommes parfois amenés à nous poser. Le plus important est de se laisser porter par la passion qui, seule, permet de surmonter bien des obstacles.*

# Remerciements de la styliste

*Je tiens à remercier les sociétés suivantes
pour avoir bien voulu prêter leurs accessoires,
à l'occasion des prises de vue :*

**Le Monde en Marche**
34, rue Dauphine, 75006 Paris
Tél. : 01 43 46 26 26
*Page 20 : sabots rouges,*
*livre de jardinage*

**Pain d'Épice**
29, passage Jouffroy, 75009 Paris
Tél. : 01 47 70 51 12
*Pages 8, 14, 18, 20 et couverture :*
*mini-pots, paniers,*
*mini-outils de jardinage,*
*chapeaux, pot à lait,*
*cagettes, nid,*
*œufs, barrières en bois*
*Page 24 : panier*
*de pique-nique,*
*chapeaux, ballon,*
*livre, canne à pêche*
*Page 60 : chaises*
*en métal, chaussons*
*Page 64 : panier*
*Page 68 : mini-cuiller en bois*

**Atelier N'O**
21, avenue Daumesnil,
75012 Paris
Tél. : 01 43 29 09 49
*Couverture :*
*mini-pince à linge*
*Page 48 : palmes*
*Page 74 : cœur en métal*
*Page 82 : cruche*

**Sphère Inter**
Points de vente au : 02 99 14 63 33
*Page 20 et couverture :*
*bêche et râteau*
*Page 8 : serre*
*Page 48 : avion en bois*
*Page 64 : volière*

**Shadé**
63, rue des Saints-Pères,
75006 Paris
Tél. : 01 45 49 30 37
*Page 56 : collier*

**Biot Artisanat**
57, passage Jouffroy, 75009 Paris
Tél. : 01 48 24 84 85
*Page 58 :*
*chausson de danse*

**La Case d'Ylang**
Points de vente au : 04 90 76 02 65
*Page 48 :*
*natte en raphia*

**PML**
Points de vente au : 01 30 41 44 05
*Page 32 :*
*poissons exotiques*

**Reppetto**
22, rue de la Paix, 75002 Paris.
Tél. : 01 44 71 83 10
*Page 56 :*
*ballerines.*
*Pages 56, 58, 60 :*
*tutu rose pâle*

# Remerciements de l'auteur

Je remercie tous ceux et toutes celles qui m'ont soutenue
pendant la réalisation de ce livre :

Pauline Ricard pour sa fidélité et son travail toujours si inventif et délicat,
Suzanne Stahlie pour son aide,
Anne Hubert pour avoir si gentiment mis son appartement
à notre disposition à l'occasion des prises de vue,
Jean-Marc Wullschleger pour la qualité de ses photographies,
la société DMC pour son précieux soutien.

Je remercie également Nouchka Pathé, mon éditrice, et toute son équipe,
ainsi qu'Alexandra pour sa maquette.

Enfin, je remercie tout particulièrement mon mari et mes enfants,
présents à mes côtés, livre après livre, et sans qui toutes
ces petites croix n'auraient jamais vu le jour.

Une partie des broderies a été réalisée
par la société PACO à Madagascar ; le reste a été brodé par l'auteur.

*Les fournitures DMC sont disponibles dans les merceries,*
*les grands magasins et les magasins*
*Loisirs & Création*

*Pour connaître le nom des distributeurs des produits DMC*
*dans la région où l'on habite, écrire à :*
*DMC, Service consommateurs,*
*13, rue de Pfastatt, 68057 Mulhouse,*
*ou téléphoner au 03 89 32 45 28*

DMC
25
COTON PERLE
DMC
5
3820.
734
3820.
3822
727
DMC
8
799

# ARTS D'INTÉRIEURS

L'Ébéniste restaurateur
*par François Germond*

La Couleur
dans la décoration
*par Tricia Guild*

Encyclopédie
des ouvrages de dames
*par Thérèse de Dillmont*

Décor sur porcelaine
Les motifs de Meissen
*par Uwe Geissler*

Peindre son intérieur
*par Judith*
*& Martin Miller*

Le Cristal et l'Orfèvrerie
*par Roland Barois,*
*Jacques Mouclier*
*& Marc de Ferrière*

Décor sur porcelaine
Motifs de l'Orient
*par Dony*
*Karandjoulov-Alexiev*

Une décoration
naturelle
*par Tricia Guild*

Broder le linge
de maison
Créations D. Porthault
*par Eglé Salvy*

Décorez votre table
*par Pamela Westland*

La Couture dans
la maison
*par Marie Gouny*

Cours de
broderie à la main
*par Yvonne*
*Van de Velde-Malbranche*
*& Christine Rosenthal*

Tables de charme
*par Inès Heugel*
*& Pascale Chastres*

Motifs pour
peindre les meubles
*par Belinda Ballantine*

Compositions
florales
*par Paula Pryke*

Broder
au point de croix
*par Catherine*
*Allègre-Papadacci*

Habillez vos fenêtres
*par Marie Gouny*

Chiffrer le linge
de maison
Créations D. Porthault
*par Eglé Salvy*

Cadres de charme
*par Maryvonne Le Chevalier*

Bouquets
de saison
*par Jane Packer*

Broder les saisons
*par Adeline Dieudonné*
*& Martine Roy*

La Broderie décorative
*par Mary Norden*

Chambres
et meubles peints
*par Amelia Saint-George*

Le Charme suédois
*par Katrin Cargill*

La Couture d'intérieur
*par Gabi Tubbs*

Couture
et rubans
*par Marie Gouny*

Décorer son intérieur
*par Nick Ronald*
*& David Roberts*

Le Guide
de la peinture
décorative
*par Kevin McCloud*

Peindre
sur porcelaine
*par Uwe Geissler*

Alphabets et
monogrammes
*par Yvonne*
*Van de Velde-Malbranche*
*& Christine Rosenthal*

Une décoration
de charme
*par Carolyn Quartermaine*

Couronnes
de saison
*par Susanna Morrison*

Bouquets
de fête
*par Mary Jane Vaughan*

La Mosaïque
dans la maison
*par Paul Siggins*
*& Paul Cooper*

Le Guide de la
décoration
rustique
*par Judith Miller*

Fêtes
fleuries
*par Paula Pryke*

La Maison
du bien-être
*par Ilse Crawford*

Fruits
en appliqué
*par Annick Huet*

Bouquets de mariée
*par Shane Connolly*

Broder des smocks
pour les enfants
*par Eglé Salvy*

Le Point de Bargello
*par Joyce Petschek*

Point de croix
*par Catherine*
*Allègre-Papadacci*

Canevas en fête
*par Jill Gordon*

Broder avec de la laine
*par Mary Norden*

Laine et lin
*par Catherine Bouquerel*

La Couture
chez Marie
*par Marie Gouny*

Leçon de broderie
*par Yvonne*
*Van de Velde-Malbranche*
*& Christine Rosenthal*

Pochoirs
en fête
*par Simone Smart*

Cours
de couture
pour débutants
*par Marie-Noëlle Bayard*

La maison
de campagne
*par Dinah Hall*

La nouvelle décoration
*par Nick Ronald*
*& David Roberts*

Je tricote
pour mon ours
*par Catherine Bouquerel*

Jacquards
pour enfants
*par Catherine Bouquerel*

Le Mariage
*par Marie-France*
*Lecherbonnier*

Les Saisons
au point de croix
*par Laurence Roque*

Jours sur toile
*par Sandrine Sitaud*